Antonia Wille
Angstphase

W0466452

ANTONIA WILLE

ANGST PHASE

Warum ich meine Angst annehmen musste, um wieder frei und selbstbestimmt zu leben

PIPER

Mehr über unsere Autoren und Bücher:
www.piper.de

MIX
Papier aus verantwortungsvollen Quellen
FSC® C083411

ISBN 978-3-492-06161-2
© Piper Verlag GmbH, München 2020
Satz: Kösel Media GmbH, Krugzell
Gesetzt aus der Minion Pro
Illu Herz: Designed by rawpixel.com/Freepik
Litho: Lorenz & Zeller, Inning am Ammersee
Druck und Bindung: CPI books GmbH
Printed in the EU

Für Mama und Jule

»Wenn die Sehnsucht größer als die Angst ist,
wird Mut geboren.
Ohne Sehnsucht machen wir uns nicht auf den Weg.«

Rainer Maria Rilke

PROLOG

Als ich klein war, fürchtete ich mich vor den Monstern unter meinem Bett. Auf keinen Fall die Füße aus dem Bett hängen lassen, dachte ich allabendlich mit zusammengebissenen Zähnen. Was, wenn ein Monster danach greift? Meine Fantasie kannte keine Grenzen. Heute muss ich darüber lachen, und doch gibt es Momente, in denen ich mich dabei erwische, wie ich ganz schnell meine Füße wieder unter die Bettdecke stecke. Manche Monster verschwinden eben nie ganz.

Wir Menschen haben unterschiedliche Ängste. Das Gefühl gehört zu uns wie Freude, Trauer, Ärger und Wut. Wir haben Angst vor dem Tod, vor Krankheiten, vor finanzieller Unsicherheit, schlimmen Ereignissen oder Einsamkeit. Ängste können aber auch kleiner und weniger existenziell sein. Die Angst vor einer Prüfung, vor dem ersten Date, die Angst, verlassen zu werden, oder auch die Angst, das erste Mal etwas alleine zu tun.

Wer mich kennt, würde wohl nicht sagen, dass ich ein ängstlicher Mensch bin. Horrorfilme nachts alleine angucken? Kein Problem. Alleine im Dunkeln von der Bar durch die Großstadt nach Hause radeln? Ein Klacks. Komische Geräusche im Haus? Ich bin die Erste, die nachsieht, meiner Neugierde sei Dank. Selbst alleine in der U-Bahn fühle ich mich sicher. Na ja, zumindest fast immer. Nachts in der U-Bahn habe ich tatsächlich nie Angst, dafür umso mehr am Tag. Dann nämlich, wenn sie voll ist, es eng wird und sie vielleicht auch noch unverhofft im Tunnel stehen bleibt. Da wird mir plötzlich heiß, Übelkeit steigt auf, und ich will nur noch eins: raus hier. Der Kontrollverlust, die Enge, die fremden Menschen – herzlich willkommen in meinem persönlichen Albtraum!

Diese und andere Ängste gehören zu meinem Leben dazu. Denn ich habe eine Angststörung. Ich fürchte mich vor Dingen, vor denen der Großteil der Menschen keine Angst hat, die der Großteil der Menschen nicht mal bemerkt, während ich immer vor ihnen auf der Hut bin. Das kleine Monster Angst begleitet mich jeden Tag, es ist immer an meiner Seite, mal leise und zurückhaltend, mal laut und aufdringlich. Manchmal sieht es mich nur an, manchmal stellt es sich mir breitbeinig in den Weg. Ganz verschwindet es aber nie, und ich würde fast behaupten, so langsam habe ich es lieb gewonnen. Denn das Monster wetzt nicht nur die Krallen, es warnt mich auch vor stressigen Situationen, zeigt mir, wenn ich mir mal wieder zu viel auflade oder einen Gang zurückschalten sollte. Es ist auf jeden Fall ein netteres Monster als jene unter dem Bett.

Meine Angststörung und ich gehören zusammen. Lange habe ich nicht über sie gesprochen, weil ich nicht »die mit der Angststörung« sein wollte. Ich bin doch so viel mehr. Journalistin, Freundin, Tochter und Geschäftsfrau, und vor allem Antonia – mit all ihren Facetten. Nur dass ich manchmal eben Angst habe.

Fünfundzwanzig Prozent aller Menschen in Deutschland erkranken im Laufe ihres Lebens an einer Angststörung. Eine große Zahl, doch tatsächlich kenne ich in meinem direkten Umfeld niemanden, der offen über seine Ängste spricht. Die meisten Menschen, die unter einer Angststörung leiden, bleiben lieber anonym. Psychische Erkrankungen gelten immer noch als Schwäche, finden selten Akzeptanz. Während körperliche Krankheiten ernst genommen werden, gilt eine angegriffene Seele oft als Ausrede, als Einbildung oder Luxusproblem. »Reiß dich zusammen, das wird schon wieder.« Schwäche zuzugeben fällt in unserer Leistungsgesellschaft schwer.

Als Journalistin, die über die Jahre gelernt hat, dass jeder Mensch eine Geschichte zu erzählen hat, wollte ich irgendwann auch meine erzählen. Meine Erfahrungen aufschreiben, mein Wissen teilen und zeigen: Auch ich, die ich stark und cool sein kann, bin manchmal schwach. Nicht nur weil es mir geholfen hat, meine Ängste offen anzusprechen, und ich dadurch einen guten Umgang damit gefunden habe, sondern auch weil es anderen helfen kann, wenn jemand zu seiner Schwäche steht und Mut macht, zeigt, dass wir alle irgendwie unsere Päckchen zu tragen haben. Ich möchte andere Betroffene entlasten und dazu beitragen, Angsterkrankungen sowie seelische Leiden zu entstigmatisieren. Schließlich kann es jede*n von uns treffen, auch die nach außen Erfolgreichen und Mutigen. Es braucht im 21. Jahrhundert doch wirklich keine Scham und kein Schweigen mehr, sondern Dialog und Mut.

Ein Buch über meine Angststörung, meine Erfahrungen und meine Erkenntnisse schien mir dafür der beste Weg zu sein. Ich möchte Menschen ermutigen, ihre Ängste anzunehmen, sie zu umarmen und einen Weg zu finden, sich mit ihnen zu arrangieren, statt ständig gegen sie anzukämpfen. Denn auch ich habe immer wieder gegen die Angst gekämpft, wollte sie bloß nicht zulassen, bloß nicht sichtbar machen, bloß keine Schwäche zeigen, um mich nicht mehr so furchtbar hilflos zu fühlen. Geholfen hat das nicht. Die Angst wurde immer größer, ihre Besuche regelmäßiger.

Nicht umsonst heißt es: Wenn du deinen Feind nicht besiegen kannst, mach ihn dir zum Verbündeten. Also habe ich irgendwann versucht, die Angst zu verstehen. Was will sie von mir? Warum ist sie da? Und kann es eventuell sein, dass sie mich vor etwas schützen will? Noch habe ich nicht alle Antworten gefunden, aber die Angst und ich sind auf einem guten Weg. Wir haben Freundschaft geschlossen. Wir gehören zusammen, denn man wird sie nicht los, sie ist ein natürliches Gefühl. Man kann aber lernen, mit ihr zu leben, sie nicht mehr so ernst zu nehmen, sondern sie liebevoll zu begrüßen und ihre Besuche sogar mit Humor zu sehen.

Dieses Buch soll zeigen, wie man trotz Angst froh und frei durchs Leben geht, wie man trotz – oder vielleicht sogar dank – der Angst großartige Dinge schafft und wo die eigenen Grenzen liegen. Was die Angst mit einem macht und warum es okay ist, hin und wieder ein Angsthase zu sein.

Ich nehme dich mit auf meine Reise mit der Angst, berichte, was ich in den letzten Jahren erlebt und gelernt habe, und versuche vor allen Dingen, dir Tipps und Tricks an die Hand zu geben, wie du selbst mit deiner ganz persönlichen Angst umgehen kannst. Am wichtigsten aber ist es mir zu zeigen: Angst zu haben ist okay. Sie gehört zu uns, sie begleitet uns, aber sie macht uns nicht aus.

Monster werden kleiner, wenn man über sie spricht. Also erzähle ich jetzt die Geschichte von Katja und mir.

1

Ich habe sie Katja genannt. Frag mich nicht, wie ich gerade auf Katja gekommen bin, aber ich wusste, die Angst braucht einen Namen. Ich will sie anschreien können. Katja also. Kurz und prägnant. Kein Name, den ich furchtbar gerne mag (ein Sorry an alle Katjas dieser Welt), aber auch ein Name, den ich nicht extrem verabscheue. Außerdem schnell zu rufen. Denn keine*r will im aufkeimenden Panikmodus mit seiner Angst sprechen und dann einen Namen wie Philomena-Dorothea rufen. Da muss es schnell gehen. Katja schoss mir als Erstes durch den Kopf, seitdem spreche ich mit Katja. In Gedanken.

»Alles ist gut, wir brauchen keine Angst zu haben, Katja. Du kannst zurückbleiben, ich schaffe das alleine.«

Katja und ich also. Gemeinsam gehen wir durchs Leben. Katja ist dünn, groß und irgendwie sehr hager. Wie ein schwarzer Schatten steht sie vor mir. Niemand, den man gerne umarmt, sondern jemand, der einen mitzieht und manchmal auch nur schwer wieder loslässt. Ein Monster wie aus einem dieser schlechten Horrorfilme aus den Achtzigerjahren. An vielen Tagen läuft Katja vor mir her, bestimmt den Weg. Sagt: »Hier lang.« Und obwohl ich rufe: »Nein, ich möchte lieber hier entlang«, zieht sie mich mit. Ätzend finde ich das, aber so ist das zwischen uns nun einmal. An anderen Tagen geht sie neben mir, flüstert mir leise irgendetwas ins Ohr, bis ich sage, sie soll damit aufhören, still sein. Und siehe da: Katja kann auch die Klappe halten. Und dann gibt es Tage, da ist sie gar nicht da. Verschwunden. Das fühlt sich gut an, frei. Unsere Freundschaft ist oft zu eng und zu intensiv, Verschnaufpausen tun gut.

Und ich möchte ehrlich sein: Ein Katja-Besuch alle paar Jahre würde mir reichen. Doch noch kommt sie öfter, als mir lieb ist.

Das Problem bei Katja ist: Sie klopft oft sehr leise an. Dann kann es passieren, dass ich sie nicht höre. Angstpatient*innen kennen das vielleicht: Man will die Angst nicht wahrhaben, selbst wenn die Warnzeichen schon auf Rot stehen. Hat es gerade geklopft? Nee, alles ruhig. Ich werde jetzt sicher keine Angst bekommen. Bis Katja die Tür eintritt – rücksichtslos wie der Elefant im Porzellanladen – und schreit: »Hallooo, du Liebe, ich bin wieder dahaa!« Wie wenig man unangekündigten Besuch brauchen kann, muss ich keinem sagen.

Nichtsdestotrotz gehören Katja und ich irgendwie zusammen.

Seit über zwanzig Jahren leide ich an einer Angststörung. Dass ich damit nicht alleine bin, war mir lange nicht bewusst. Denn über Besuche von Katja habe ich nur selten gesprochen. Versteht ja sowieso keine*r, warum mir in der U-Bahn schlecht wird, sobald wir im Tunnel stehen – das habe ich zumindest lange Zeit gedacht. Dass genau das Gegenteil der Fall ist, wurde mir erst sehr spät klar. Schließlich ist die Angststörung neben der Depression die am häufigsten diagnostizierte seelische Erkrankung. Während zahlreiche Menschen beim Fliegen damit zu kämpfen haben, trauen sich andere wiederum manchmal wochenlang nicht aus dem Haus. Der eine bekommt in der Supermarktschlange Herzklopfen, die Nächste fährt nur noch Landstraße statt Autobahn. Die Angst hat viele Gesichter.

Ihre Vielfalt macht es aber auch schwierig, sie zu erkennen und zu verstehen. Schließlich ist Angst genau wie die Liebe ein universelles und wichtiges Gefühl. Sie hilft uns durchs Leben und zeigt uns den Weg. Sie schützt uns vor vermeintlich gefährlichen Situationen, oft ist sie eine Reaktion auf negative Erfahrungen, Traumata, Stress oder Überforderung. Bei Angstpatient*innen ist sie jedoch übertrieben und nicht mehr hilfreich, sondern störend. Denn wenn man vor den einfachsten Dingen Angst bekommt, wird der Alltag plötzlich zur Qual.

Erklären kann man das Ganze oft nur schwer, Fragen wie »Wovor hast du eigentlich Angst?« lassen sich kaum beantworten. Denn rational weiß man, dass man keine Angst zu haben braucht, und doch fühlt man sie. Der Körper schaltet auf Fluchtmodus, die Achterbahn der Gefühle reißt einen unaufhaltsam mit. »Ich muss hier weg«, ist der einzige Gedanke, den man dann noch fassen kann.

So habe auch ich irgendwann Ängste entwickelt, die rational in keiner Weise erklärbar waren, und sich dennoch nicht minder real angefühlt haben.

2

Das Glas füllt sich langsam. Ich blicke von meiner Apfelschorle auf und durch den sonnendurchfluteten Raum. »Ganz schön viel los hier«, denke ich. Aber was soll man auch anderes erwarten an einem Samstag bei IKEA, noch dazu in den bayerischen Schulferien.

Wir sind zu Besuch bei meinen Verwandten in Salzburg und nutzen den Tag für einen gemeinsamen Abstecher zum geliebten Einrichtungshaus. Meine Familie wuselt irgendwo im Restaurant herum, wir machen eine Pause vom Shoppen: ein, zwei Dinge, die man braucht, viele, die man nicht braucht. Das ist auch schon im Jahr 2000 so.

Mein Glas ist endlich voll, auf dem Weg zum Tisch staune ich noch immer über die Möglichkeit, sich unendlich oft nachzufüllen. »Wie die das wohl finanzieren?«, denkt mein vierzehnjähriges Ich, als ich mich mit meinem Tablett an einem jungen Paar vorbeidrücke, das, ohne auf seine Umgebung zu achten, in Richtung Essensausgabe eilt. Ich verdrehe die Augen, balanciere durch die Tischreihen und erreiche endlich mein Ziel.

Meine Cousine, meine Tante, meine Schwester, meine Mutter – sie alle sitzen schon und mampfen ihr Mittagessen. Neben uns schreit ein Baby, die Leute am Tisch vor uns sind gerade mit dem Essen fertig geworden und stehen auf. Es ist laut, Stühle werden gerückt, das Geschirr klirrt. Mit meiner Gabel pikse ich in meine Pommes. Ich beiße in eine Fritte, während wir über die Schule reden, meine Cousine lacht.

Die Worte verhallen im Raum, meine Konzentration lässt nach. »Ganz schön warm hier«, denke ich und blicke über die

Menschenmenge auf die Fensterfront, durch die die Sonne in den Raum prallt. Ich ziehe meinen Pulli aus, atme tief ein. Ist den anderen denn gar nicht heiß? Ich esse einen weiteren Bissen, als sich plötzlich mein Hals zuschnürt. Ich kann kaum noch schlucken, das Essen fühlt sich mit einem Mal wie eine zähe Masse an. Mein Blick fällt auf die Gerichte meiner Familie, die Gerüche werden intensiver, ich kämpfe mit einem unangenehmen Völlegefühl. Mir ist übel. Eine ungewohnte Unruhe steigt in mir auf, ich rutsche auf dem Stuhl hin und her, als ich wie von Weitem die Stimme meiner Mutter höre: »Antonia?« Verschreckt schaue ich auf. »Antonia, geht's dir gut?«, fragt sie. »Du bist plötzlich so blass.«

Ich schüttle den Kopf. »Mir ist schlecht«, antworte ich. Meine Beine zittern, es fühlt sich an, als würde ich den Halt verlieren, ich schiebe den Teller von mir und halte mich am Tisch fest. Die Lautstärke des Raumes scheint mich zu erdrücken. »Tief einatmen«, denke ich. Der Lärm wird immer unerträglicher.

»Was ist denn los?« Die anderen hören mit dem Essen und Reden auf und starren mich an.

»Ich glaube, ich muss an die frische Luft«, presse ich heraus. Bevor meine Familie antworten kann, wird mir so heiß und schlecht, dass ich aufspringe und zur Toilette um die Ecke renne.

Noch auf dem Weg muss ich würgen, halte mir die Hände vor den Mund. Ich stürze in die erste freie Kabine. Sekunden später übergebe ich mich.

Zitternd kauere ich auf dem Boden der IKEA-Toilette. Nicht sehr hygienisch, doch mein schwacher Körper kann nicht anders. Mir ist immer noch schlecht, doch die Ruhe hilft. »Toni?« Ich höre die zaghafte Stimme meiner Schwester. »Toni, geht's dir gut?«

»Es geht«, sage ich, Tränen laufen meine Wangen hinunter. Ich bin plötzlich furchtbar erschöpft.

»Was war denn los?«

»Ich weiß nicht, mir wurde auf einmal so schlecht.«

»Geht's ihr wieder besser?« Nun ist auch meine Mama da.

Ich hieve mich hoch und schließe die Tür auf. »Es geht«, sage ich wieder, meine Stimme zittert, als mich meine Mama in den Arm nimmt.

»Komm, du trinkst jetzt einen Schluck Wasser, und dann gehen wir zügig durch den Laden. Das war bestimmt dein Kreislauf.«

Ich nicke und folge den beiden auf wackligen Beinen wieder in den Speisesaal. Meine Cousine kommt mir schon mit einem Glas Wasser entgegen. »Hier, trink.« Das kalte Wasser tut gut, zittrig setze ich mich.

Die anderen essen schnell auf, während ich apathisch am Tisch sitze und mein Wasserglas umklammere. Immer wieder atme ich tief ein, die Übelkeit hat nachgelassen, doch wohl ist mir nicht, und auch die Unruhe bleibt. Dreißig Minuten später sitzen wir wieder im Auto, ich bin fix und fertig.

»Ist alles okay?« Meine Mutter blickt mich besorgt durch den Rückspiegel an. Mit geschlossenen Augen nicke ich, ich will nur noch heim. Meine Katze in den Arm nehmen, mich in mein Bett kuscheln.

Am Abend sind wir wieder zu Hause. Als wir die Haustüre aufsperren, fällt die Anspannung von mir ab. Ich bin in Sicherheit. »Alles wieder okay«, denke ich noch, als ich mich ins Bett fallen lasse. Oder etwa doch nicht?

3

Freude, Liebe, Trauer, Wut oder Angst – wir Menschen fühlen die gesamte Bandbreite an Empfindungen. So gerne wir die negativen Gefühle ausklammern würden, keine*r von uns wird ein Leben ohne Wut oder Trauer leben. Also bleibt uns nur eines: Wir müssen uns unseren Gefühlen stellen, ihren Sinn erkennen und mit ihnen leben.

Dasselbe gilt auch für die Angst. Jede*r von uns fürchtet sich. Sobald wir Menschen in potenzielle Gefahr geraten, setzt die Angst ein. Sie gehört zu unseren menschlichen Urinstinkten, ist mindestens genauso stark wie die Liebe und neben ihr eines der wichtigsten Gefühle für uns. Denn die Angst schützt uns, aus evolutionärer Sicht ist sie sogar lebensnotwendig. Unsere Vorfahr*innen überlebten schließlich nur, weil sie mithilfe ihrer Angst lernten, Gefahren und Risiken zu erkennen und Vorsicht walten zu lassen. Nur durch die Flucht vor der Gefahr sicherten sie ihr Leben – und somit den Fortbestand der Menschheit. Ohne die Angst gäbe es – einfach gesagt – weder dich noch mich.

Während sich unsere Vorfahr*innen Säbelzahntigern und anderen lebensbedrohenden Gefahren ausgesetzt sahen und die Angst ein wichtiger und ständiger Begleiter in unerforschtem Gelände war, ist unser Leben heute jedoch weitaus weniger gefährlich. Das Gefühl der Angst begleitet uns aber nach wie vor. Allerdings kommt es nur noch selten mit einem Paukenschlag, schließlich stehen wir – Gott sei Dank – keinen hungrigen Raubtieren mehr gegenüber und schweben somit nicht mehr täglich in unmittelbarer Lebensgefahr. Die akute Angst aus Urzeiten ist einer theoretischen Angst gewichen. Sie macht sich breit, wenn wir Unsicherheit oder Ungewissheit verspüren. Wir fürchten das Unbekannte, haben also Angst vor etwas, das potenziell passieren könnte.

Es sind zum Beispiel soziale Ängste, die uns umtreiben, existenzielle Sorgen wie der Verlust des Arbeitsplatzes, der Wohnung oder die Furcht vor einer drohenden Krankheit beherrschen unsere Gedanken. Dazu kommen diffuse Befürchtungen wie die, Opfer eines Verbrechens oder eines Unfalls zu werden. Gleichzeitig sorgen wir uns um unsere Liebsten, unsere Beziehung oder fürchten uns vor dem Tod von Angehörigen.

Die Angst hat uns ursprünglich vor dem Aussterben bewahrt. Doch schon damals waren nicht alle Menschen Angsthasen. Auch hier gab es diejenigen, die sich furchtlos in risikoreiche Situationen begaben, während andere lieber einen Bogen um potenzielle Gefahren machten und am Lagerfeuer sitzen blieben. Wir Menschen sind eben unterschiedlich, und das gilt bis heute.

Hinzu kommt, dass wir bezüglich unserer Ängste auch stark gesellschaftlich geprägt sind. Ich als Frau kann und darf öffentlich meine Angst zeigen. Niemand wird mich ansehen und sagen: »Wie, du hast Angst?« Schließlich blieben auch schon bei unseren Vorfahr*innen die Frauen zu Hause, während die Männer auf die Jagd gingen und sich den Gefahren stellten. Das hat zur Folge, dass von Männern selbst im 21. Jahrhundert noch erwartet wird, dass sie jederzeit Stärke zeigen. Aufgrund von längst antiquierten gesellschaftlichen Normen gilt für sie immer noch das Bild des mutigen, starken Mannes.

Manche Ängste erlernen wir bereits in der Kindheit. Unsere Familie, unser Umfeld oder andere soziale Einflüsse konditionieren uns und bereiten uns auf das Leben vor. So beginnen wir, basierend auf Erfahrungswerten, auf Charaktereigenschaften und frühen Prägungen spezielle Ängste zu entwickeln. Kinder ängstlicher Eltern sind ebenfalls oft ängstlich. Schreit eine

Mutter beim Anblick einer Maus, überträgt sich das oft auch auf ihre Kinder. Wenn die Mama schreit, muss die Maus doch gefährlich sein, oder?

Im Erwachsenenalter legen sich diese Ängste häufig wieder, schließlich entwickeln wir uns weiter, sammeln neue Erfahrungen und verstehen, dass Mäuse eigentlich ganz putzig sind.

Ängste können also ganz unterschiedlich sein, sie wirken bei allen Menschen anders, und doch haben sie eines gemeinsam: Sie lassen uns aufmerksamer und vorsichtiger sein, sobald unser Leben in Gefahr scheint, wir uns in einer unbekannten, vermeintlich unkontrollierbaren Situation befinden.

Im Umkehrschluss bedeutet das aber auch: Ängste sind nicht nur negativ. Sie können uns antreiben, uns unsere Grenzen austesten und uns aktiv werden lassen. Jedes Ereignis, das uns erst Angst gemacht hat, das wir dann aber mutig überwunden haben, stärkt unser Selbstbewusstsein. Wir trauen uns mehr (zu) und lernen, dass Angstsituationen uns auch wachsen lassen. Unsere körperlichen wie geistigen Grenzen werden durch die Angst immer wieder neu gesteckt.

Niemand von uns ist ohne Angst. Doch es gibt Menschen, die Situationen bereits als Bedrohung erleben, die objektiv betrachtet noch überhaupt keine Gefahr darstellen. Wetten, du kennst solche ängstlichen Personen auch? Schließlich ist jede*r von uns mindestens einmal schon einem Menschen begegnet, der Angst vor dem Zahnarzt hat, schreiend vor einer Spinne davonrennt oder beim Fliegen Schweißausbrüche bekommt. Nichts davon ist wirklich lebens- oder existenzbedrohend, und doch treibt allein der Gedanke an die Situation diese Menschen an den Rand eines Nervenzusammenbruchs. Zumindest treibt er ihnen Schweißperlen auf die Stirn und sorgt für zittrige Beine.

Solche lästigen Alltagsängste können eine*n jede*n befallen, selbst Menschen, die das Rampenlicht lieben, schwitzen auf dem Zahnarztstuhl. Wirklich! Sie führen dazu, dass Menschen viel zu selten oder viel zu oft zum Arzt gehen, Autobahnfahrten meiden oder nur mit schweißnassen Händen überstehen und aus Angst vor möglichen Einbrecher*innen ihre Wohnung übertrieben verriegeln und überall Kameras aufstellen. Doch sie schränken nicht wirklich ein – meist finden die Geplagten Wege, ihre Phobien in den Griff zu bekommen. Und wenn sie nur den oder die Nachbar*in darum bitten, die Spinne aus der Wohnung zu tragen. Sie lernen, sich zu beruhigen, sich Hilfe zu suchen oder eine Zahnärztin zu googeln, die auf Angstpatient*innen spezialisiert ist.

Mit derartigen Ängsten kann man leben. Mit manch anderen allerdings nicht. Denn es gibt auch Menschen wie mich. Richtige Angsthäsinnen, die zwar in vielen Situationen mutig sind, in völlig unbegründeten Situationen aber Gefahr spüren. Die keine Angst vor dem Tod haben, Spinnen ohne Zittern aus dem Haus tragen, dafür aber in den Fluchtmodus wechseln, wenn der Aufzug plötzlich ruckelt. Deren Herz schneller schlägt, sobald sich der Verkehr staut oder sie sich in einer Menschenmenge befinden. Deren Alltag zu einer Herausforderung wird, weil sie ständig von Angst befallen werden, und das in Situationen, in denen nun wahrlich keine Gefahr droht.

Unter den Achtzehn- bis Fünfundsechzigjährigen leiden laut statistischem Bundesamt in Deutschland derzeit 14,2 Prozent an einer Angsterkrankung. Ihr Körper reagiert auf Situationen, die objektiv betrachtet völlig ungefährlich sind. Das sind Menschen, die Angst vor schweren Krankheiten haben und bei den kleinsten Anzeichen von Veränderung die Hautärztin oder den Frauenarzt aufsuchen. Menschen, die sich nicht mehr trauen, mit dem Auto zu fahren, die jeden Stau meiden, die die Enge der U-Bahn kaum ertragen. Menschen, die Angst vor fremdem Essen oder vor Gesprächen mit ihren Mitmenschen haben. Die das Erbrechen in der Öffentlichkeit fürchten, Begegnungen mit anderen Menschen als Qual empfinden und das Haus aus Angst vor der lauten, verstörenden Welt da draußen nicht mehr verlassen wollen.

Wenn die Angst zu groß wird, der Alltag stark beeinträchtigt ist und der Angsthase eigentlich die Welt entdecken will, die Angst ihm aber permanent das Stoppschild hinhält, ist es so weit: hallo, Angststörung!

Angststörungen sind grundverschieden, haben aber zumindest eines gemeinsam: Sie belasten das Leben der Betroffenen.

Wie viele Menschen wirklich unter übersteigerter Angst leiden, weiß kaum einer, denn Angstpatient*innen leben lieber unerkannt. Dabei hilft es, die Monster der Angst zu vertreiben, indem man offen über sie spricht, sie nicht für sich behält, sondern mit Menschen an seiner Seite gegen sie ankämpft.

Mutig ist also nicht, wer vermeintlich furchtlos durchs Leben geht, sondern wer sich seinen Ängsten stellt, ihnen ins Gesicht blickt und fragt: »Hallo Angst, was willst du eigentlich?«

4

Alles beginnt mit der Übelkeit. Nach dem Vorfall bei IKEA passiert es immer wieder. Meine Familie und ich sitzen im Restaurant, doch als das Essen kommt, bringe ich nichts runter. Sobald die Bedienung die Pizza vor mir abstellt, ist mir ganz furchtbar übel. Wie aus dem Nichts wird mir heiß, meine Kehle schnürt sich zu, und ich muss an die frische Luft. Übergeben muss ich mich nicht jedes Mal, oft bleibt es bei der Übelkeit.

Beim ersten und zweiten Mal fällt es kaum einem auf, der pubertäre Kreislauf, niedriger Blutdruck, das sind meine Erklärungen. Beim dritten und vierten Mal beginne ich mich zu wundern. Mein Umfeld auch. Ich werde immer unsicherer, verliere nach und nach das Vertrauen in meinen Körper. Die nächsten Male bestelle ich in weiser Voraussicht nur mehr Wasser und einen Salat, das geht auch mit Übelkeit meist irgendwie. Restaurantbesuche sind plötzlich Stress und keine Freude mehr für mich. Gehe ich mit Freund*innen aus, esse ich nichts. Ich, die Superzierliche, die zwar gerne würde, aber verzichtet aus Angst vor – ja vor was denn eigentlich? Davor, dass ihr grundlos schlecht wird?

Ich erfinde Ausreden, warum ich gerade heute nichts esse, dass ich sowieso keine Burger mag und überhaupt schon gegessen habe. Manchmal meide ich das Essengehen komplett, schlage Treffen an anderen Orten vor. Die Freund*innen nehmen es irgendwann hin, vielleicht denken sie auch, dass ich einfach eine Essstörung habe. Dass ich daheim dann ganz normal esse, wissen sie ja nicht. Dass ich Angst habe, auch nicht. Das ist nicht mal mir so richtig bewusst. Ich will nur vermeiden, dass mir schlecht wird.

Doch es bleibt nicht bei der Übelkeit. Sie ist nur der Anfang.

Eines Tages fahren wir mit meiner Tante und meiner Cousine nach Düsseldorf. Sechs Stunden Autofahrt, mir ist schon davor mulmig. Als wir an einer Raststätte in Hessen anhalten, haben alle Hunger – alle außer mir. Ich will am liebsten weiterfahren, nicht hier an diesem ungemütlichen Ort bleiben. »Wollen wir nicht erst essen, wenn wir angekommen sind?«, frage ich angespannt. Doch meine Frage geht unter, schon sind wir auf dem Weg in die wuselige Raststätte. Nach der Essensbestellung sitzen wir an einem Tisch; Croissants, Suppe und Sandwich stehen vor mir. Wie kann man jetzt bloß was essen?, denke ich. Ich bin unruhig, nervös, draußen hat es 28 Grad. Der Sitz klebt an meinen Beinen, ich rutsche umher, bin zappelig. Ich fühle mich wieder einmal unwohl.

»Willst du wirklich gar nichts essen?«, fragt mich meine Mutter.

Ich schüttle nur den Kopf. Selbst das Reden fällt mir schwer. Und da ist sie wieder: diese furchtbare Übelkeit. Sie überkommt mich mit solcher Wucht, dass ich nur noch hervorbringe: »Mir ist schon wieder furchtbar schlecht.« Dann renne ich raus, an die frische Luft, übergebe mich.

Meine Mutter und meine Tante folgen mir. »Geht's wieder?«

»Nein, mir ist immer noch so schlecht.« Zittrig bleibe ich draußen sitzen, mir laufen die Tränen herunter. Ich habe diesmal doch gar nichts gegessen. Am liebsten würde ich die Reise abbrechen und wieder nach Hause fahren. Machen wir natürlich nicht.

Als wir wieder auf der Autobahn sind, sehe ich die Bäume an mir vorbeirasen. Mein Körper ist erschöpft, mein Kopf lehnt müde am Autofenster. Die Übelkeit fühlt sich diesmal hartnäckiger, ja irgendwie anders an. Im Rückspiegel guckt mich meine Mutter an. Sie weiß längst, was mit mir los ist – und dass es nicht an schlechtem Essen oder einem zu leeren Magen und dem Kreislauf liegt.

Die Übelkeit nimmt überhand. Irgendwann ist es nicht mehr nur das Essen. Mir wird mulmig, sobald wir im Stau stehen oder durch einen Tunnel fahren. Mein Magen meldet sich vor Klassenfahrten, meine Gedanken kreisen ständig um die Frage: »Was, wenn mir schlecht wird?« Und natürlich wird mir schon vor der Abfahrt übel. Ich sage Ausflüge mit Freund*innen nach München ab, bin nervös und kann nicht gut allein sein. Ich beginne, Dinge zu vermeiden. Essen gehen? Nein, ich habe heute keine Zeit. Wandertag nach Augsburg? Ich habe Bauchweh. Alleine mit dem Zug irgendwohin? Mama, kannst du mich nicht doch fahren?

Der Teufelskreis beginnt.

Mein Leben geht trotzdem weiter. Ich bin eine Meisterin im Rechtfertigen und Verdrängen. Ich gehe zur Schule, fahre unter Tränen in der zehnten Klasse auf Studienfahrt nach Berlin und durchstehe im Hotel Nächte mit schrecklicher Übelkeit. Ich lebe wie eine normale Teenagerin, bin gut in der Schule, und trotzdem kostet mich die Angst immer wieder viel Kraft. Nach der Klassenfahrt brauche ich eigentlich eine weitere Woche zur Erholung – nicht wegen des Schlafmangels wie meine Mitschüler*innen, sondern weil ich einen Anspannungsmarathon hinter mir habe. Die Erleichterung, zu Hause anzukommen, hält nur kurz an. Denn die nächste Herausforderung wartet schon auf mich.

»Es kann nichts passieren, alles wird gut«, wird zu meinem persönlichen Mantra. Ich zwinge mich unter Übelkeit zu Ausflügen, bin dauerangespannt und flüchte mich in erfundene Magen-Darm-Grippen, um mir zumindest kurze Pausen zu verschaffen. Dagegen kann niemand was sagen.

Doch das Funktionieren und Herausreden klappt irgendwann nicht mehr, das Zähnezusammenbeißen wird zu anstrengend, und auch meine Familie gerät an ihre Grenzen. In der zwölften Klasse scheitere ich das erste Mal richtig an meiner Angst. Ich sage die Klassenfahrt nach England ab. Ich kann nicht mit nach London fliegen. Es geht einfach nicht. Ich bleibe alleine zurück, während die anderen vorfreudig ins Flugzeug steigen.

»Warum kannst du denn nicht mitfahren?«, fragen meine Freund*innen.

»Ich traue mich nicht.«

Ich fühle mich wie die größte Verliererin, schäme mich und bin neidisch auf alle, die mir fröhliche SMS aus Großbritannien schicken. Eine Woche lang bin ich am Boden zerstört, traurig und gleichzeitig erleichtert.

Mit der Absage beginnt aber auch eine neue Phase für mich. Erstmals bin ich offen mit der Angst, die mich so belastet, umgegangen. Es ist die Erkenntnis, dass endlich etwas passieren muss. Denn so will ich nicht mehr leben.

Wenige Wochen später sitze ich das erste Mal bei einer Therapeutin und habe am Ende der Stunde endlich eine Diagnose: Agoraphobie mit leichter Panikstörung. Und damit heißt es: Willkommen in meinem Leben, Katja!

5

Wann immer ich versuche, meine Angstgefühle zu beschreiben, scheitere ich. »Mir wird dann übel – aber irgendwie anders«, sage ich. »Es fühlt sich einfach schrecklich an. Ich habe das Gefühl, die Angst übernimmt die Kontrolle über meinen Körper. Mir ist heiß und kalt, und ich will eigentlich nur weg, aber meine Beine zittern so stark, dass ich mich kaum bewegen kann.«

Doch für jemanden, der noch nie ohne Grund Angst verspürt hat, ist dieses Gefühl schwer nachvollziehbar. Die meisten Menschen kennen nur die »ganz normale« Übelkeit eines Magen-Darm-Virus oder leichtes Lampenfieber. Ich hingegen weiß mittlerweile, wann ich es mit der Angst zu tun habe – oder doch nur mit einer Lebensmittelvergiftung.

Doch wodurch wird Angst überhaupt ausgelöst?

Es sind Millisekunden, die über unsere Gefühle entscheiden. Unsere Sinnesorgane – Augen, Ohren, Nase sowie unser Mund und unser Tastsinn – nehmen etwas wahr. Das heißt, wir sehen, hören, riechen, schmecken oder berühren etwas, wodurch ein Reiz an unser Gehirn gesendet wird. Diesen Reiz ordnet unser Gehirn aufgrund von abgespeicherten Erfahrungen ein und sendet uns über das limbische System – den Teil unseres Gehirns, der für die Entstehung von Gefühlen zuständig ist – eine Reaktion zurück. Ist die Erfahrung unbekannt oder als Gefahr oder Risiko abgespeichert, entsteht das Gefühl der Angst. Das limbische System sorgt dann über seinen Helfer, den Hypothalamus, dafür, dass unser Körper reagiert: Adrenalin, Noradrenalin sowie Kortisol und Kortison werden ausgeschüttet. Unser sympathisches Nervensystem wird aktiviert und löst eine ganze Reihe von Veränderungen in unserem Körper aus:

Das Herz schlägt schneller, die Herzkranzgefäße erweitern sich.

Die Blutgefäße verengen sich. Unser Blutdruck steigt.

Die Muskeln werden besser durchblutet, sodass wir bei einer Flucht oder einem Kampf schneller und effektiver reagieren können.

Wir atmen schneller, dadurch erweitern sich unsere Bronchien, um uns mit mehr Sauerstoff zu versorgen.

Der Stoffwechsel beschleunigt sich, unser Körper verbraucht mehr Energie.

Wir haben keinen Appetit mehr, unsere Verdauung wird eingestellt. Der Speichelfluss verlangsamt sich.

Die Energiereserven werden angezapft, um Energie zu gewinnen.

Der Blutzuckerspiegel und die Blutfettwerte steigen.

Die Pupillen weiten sich.

Die Körpertemperatur steigt.

Wir schwitzen, sind hellwach und aufmerksam.

Unruhe, Nervosität und Erregung entstehen.

Unser Körper wird mit diesen Reaktionen auf Flucht oder Kampf vorbereitet. Wir sind nun bereit, um unser Überleben zu kämpfen oder um unser Leben zu rennen. Einfach nur weg, raus aus der Situation.

Im Falle einer Entwarnung sorgt das parasympathische Nervensystem dafür, dass unser Körper wieder in den Normalzustand fällt.

Bei Panik und sehr starken Erregungszuständen kann es jedoch auch dazu kommen, dass beide Nervensysteme gleichzeitig aktiviert sind. Unser Körper spielt dann im wahrsten Sinne des Wortes verrückt.

Was in der Urzeit von Nutzen, ja geradezu überlebenswichtig war, hilft uns auch heute noch, gefährliche Situationen zu erkennen und diesen zu entfliehen oder auch uns ihnen zu stellen. Nur: In der heutigen Zeit kann es passieren, dass die oben beschriebenen Abläufe aktiviert werden, ohne dass eine Gefahr droht. Es reicht ein Geräusch oder eine Erinnerung – und unser Körper antwortet mit Angst. Wir reagieren also nicht mehr nur auf reale Gefahren mit unseren Flucht- und Kampfsymptomen, sondern auch auf Situationen, die wir als gefährlich und risikoreich bewerten.

Unser Körper läuft dann auf Hochtouren, wir sind angespannt und erregt, ohne dass wir diese Körperreaktion abbauen können. Normalerweise dauert so eine Flucht-Kampf-Phase nur wenige Minuten an, anschließend finden wir zurück in die Entspannung. Bleibt sie aber länger bestehen, verharrt auch unser Körper in der Abwehrhaltung. Im Volksmund nennen wir das »Stress«.

Die Folge: Wir sind dauerangespannt, erschöpft und müde.

Auf die gleiche Weise reagiert unser Körper auch bei Angstanfällen. Die Krux dabei: Häufig entspringt die Gefahr eben nur unserer Fantasie, sie hat nichts mit der realen Situation zu tun, selbst wenn es sich um eine Stresssituation handelt. Panikattacken überfallen uns sogar vermeintlich unvermittelt. Manchmal sogar in Momenten der Ruhe, der Entspannung oder im Schlaf. Dann nämlich, wenn unser Körper endlich Zeit hat, all die erfahrenen Reize zu verarbeiten.

Ich persönlich bin jedes Mal – ob nach einer Angstsituation mit Daueranspannung oder nach den wenigen Malen, die ich eine Panikattacke durchstehen musste – vor allem eines: so k.o. wie nach einem Marathon.

6

Die Arbeit stapelt sich, ich bin gestresst und ausgelaugt. Als freiberufliche Journalistin und Bloggerin ist mein Tagespensum hoch. Die Angst begleitet mich immer noch, die letzten Jahre war sie aber stiller, zurückhaltender. Katja sagt zwar hin und wieder noch Hallo, doch ich habe gelernt, mit ihr umzugehen, sie wegzuschieben.

Auch in diesen Tagen im Herbst 2017 klopft sie manchmal leise an die Tür, doch ich höre nicht hin. Es ist ein sonniger Tag im Oktober, als ich beschließe, zwischen Abgabeterminen und einer Abendveranstaltung Laufen zu gehen. Sport entspannt und baut Stress ab. Außerdem will ich endlich wieder fitter werden.

Ich schnüre meine Laufschuhe und jogge los in Richtung Isar. Zehn Minuten sind es bis zu dem kleinen Waldweg, der mich zum Fluss führt. Dann muss ich nur über eine Brücke, entlang der Isar zurück zur nächsten Brücke, und schon habe ich meine sieben Kilometer geschafft. Doch ich bin erst wenige Minuten unterwegs, als sich meine Füße verkrampfen. »Das darf doch jetzt nicht wahr sein«, denke ich. Mein Bauch sagt abbrechen, aber mein Kopf ist so auf Leistung programmiert, dass ich meinen Körper weitertreibe. Weiterlaufen, das Pensum schaffen, ich will stolz auf mich sein.

Während ich im Kopf meine To-do-Liste durchgehe, überlege, was ich nach der Laufeinheit zu erledigen habe, nehmen die Schmerzen in meinen Füßen zu. Ich ignoriere das Stechen in der Fußsohle, laufe weiter auf der Brücke an den sich stauenden Autos vorbei, schnell runter zur Isar, dann verschwindet auch der Lärm. Ich laufe schneller, möchte meine Runde so bald wie möglich beenden. Die Sonne blendet mich, aus dem Augenwinkel sehe ich Spaziergänger*innen, die für ihre Hunde Stöckchen werfen. Ich setze einen Fuß vor den anderen, der Weg verschwimmt vor meinen Augen, als sie plötzlich da ist. Katja läuft neben mir. »Na, wie geht's dir?« Sie lacht mich hämisch an. »Ganz schön warm heute, nicht?« Ich versuche, sie zu ignorieren, aber sie hat recht. Es ist warm, ich bin zu warm angezogen. Ich laufe weiter, schiebe meine Ärmel aber langsam nach oben und rechne im Kopf durch, wie lange es noch dauert, bis ich an der nächsten Brücke bin und wieder in der Nähe einer Straße. »Das dauert noch«, erklärt Katja. »Hier an der Isar bist du jetzt ganz allein. Stell dir vor, dir wird schlecht, dann kann dir niemand helfen«, sagt sie mitleidig. Prompt überkommt mich leichte Panik. Ich bleibe stehen, atme tief durch, versuche, mich zu beruhigen. Doch meine Beine werden weich, auch der Boden fühlt sich plötzlich anders, falsch an.

»O Gott, bitte nicht«, denke ich. Mein Körper schaltet in den Fluchtmodus. Bloß weg hier. Ich spüre eine nahende Ohnmacht. Ich renne wieder los, nur um wenige Sekunden später erneut anzuhalten. »Läufst du jetzt endlich weiter? Oder vielleicht doch lieber zurück?«, witzelt Katja neben mir. Ich bin ratlos. Mir wird schwindelig. Ich bin überzeugt, gleich hier auf der Stelle umzufallen. Der Weg bis zur nächsten Brücke scheint mir unendlich weit, ich bin sicher, ich schaffe es auf keinen Fall bis dorthin. Doch auch der Weg zurück wirkt endlos, außerdem der Stau, die Autos, selbst die Bäume entlang des Flusses wirken auf einmal bedrohlich. Meine Wohnung ist meilenweit entfernt. Ich habe Angst, nie wieder nach Hause in Sicherheit zu kommen.

Meine Augen fangen an zu brennen, die Luft um mich flirrt. Ich atme schneller. Hektisch krame ich mein Handy hervor, doch ich kann nicht mal jemanden anrufen, weil meine Hände so zittern. Meine Umgebung nehme ich nur noch wie in einem

Film wahr. »Du bist ganz allein«, sagt Katja und hüpft glücklich vor mir auf und ab. Die Übelkeit kämpft sich an die Oberfläche, meine Füße krampfen weiter, mein Herz klopft wild. Wie bei einem ängstlichen Tier setzt der Fluchtreflex jetzt mit voller Kraft ein, ich atme schwer, renne los Richtung Brücke, drehe um und laufe doch zurück auf die Straße zu. Im Zickzackkurs auf der Flucht. Ich habe Todesangst.

Plötzlich taucht neben mir ein Hund auf. Oder etwa doch nicht? Aus dem Augenwinkel beobachte ich das Tier, das neben mir läuft, mich verfolgt und mit einem Mal verschwunden ist. Ich blicke mich um, doch von einem Hund ist nichts zu sehen. Habe ich mir das alles gerade nur eingebildet? Schweißperlen bilden sich auf meiner Stirn. Ich habe das Gefühl, verrückt zu werden.

Um mich nur noch Rauschen, in mir Übelkeit. Meine Muskeln zittern, ich versuche, tief ein- und auszuatmen, während es mir den Hals weiter zuschnürt. Ich darf jetzt keine Panik bekommen, sonst werde ich das wirklich nicht überleben. Ich will das nicht. Katja joggt fröhlich neben mir her. »Ha, ich habe dir doch schon heute Morgen gesagt, dass du lieber daheimbleiben solltest. Aber du hörst ja nie auf mich.« Ich schüttle den Kopf, Tränen laufen mir die Wangen hinab. Ich ärgere mich. Ich hätte Katja abschütteln und weiterlaufen sollen. Mich der Angst stellen, denn rational weiß ich, dass mir nichts passieren kann. Doch das Gefühl, das mich gerade beherrscht, ist stärker. Flucht. Weg. Ich will nur noch fort von hier. Mich in Sicherheit bringen.

Der Weg zurück fühlt sich wie Versagen an. Ich mache einen Schritt nach dem anderen. Immer weiter, nach Hause. Tief einatmen, nur nicht ohnmächtig werden. Dabei weiß ich gar nicht, wie sich eine Ohnmacht anfühlen würde. Fühlt sie sich so an? Umgekippt bin ich noch nie, trotzdem bin ich überzeugt, dass mir das hier, ganz alleine in der Hitze, jeden Moment passieren wird. Dass es das schlimmste Erlebnis aller Zeiten sein wird.

Ein Danach gibt es nicht. Meine Seele weigert sich, rational weiterzudenken. Dieses schreckliche Gefühl stellt alles auf den Kopf, knüllt mein gesamtes Ich zusammen, meine Seele rebelliert, mein Körper kauert verwirrt und völlig verängstigt in einer Ecke, aus der ich ihn nur ganz langsam befreien kann. Ich zähle Baum für Baum, meine Füße tragen mich voran, während ich versuche, meine Gedanken auf etwas anderes zu lenken.

Mit zitternden Beinen erreiche ich die Brücke, ziehe meinen schweren Körper Schritt für Schritt weiter. So muss sich Sterben anfühlen. »Tut es, tut es«, schreit mir Katja wie aus weiter Ferne und doch ganz nah ins Ohr. Ich ignoriere sie, so gut es geht. Ich gehe jetzt ganz langsam, rede mir dabei gut zu und erreiche schon bald den Waldweg, der mich wieder näher zu meiner Wohnung führt. Im Schatten der Bäume flacht die Panik langsam ab. Katja ist auch langsamer geworden, ein paar Meter hinter mir bleibt sie schließlich ganz stehen und ruft mir laut zu: »Bis ganz bald, Schätzchen.«

Erschöpft setze ich mich auf eine Bank. Ich atme tief durch. Mein Körper und meine Seele sind wieder eins. Doch was zur Hölle war das gerade? Nur langsam beruhigt sich mein Puls, ich zittere am ganzen Körper. Müdigkeit macht sich breit. Immer wieder denke ich an den Hund, der plötzlich hinter mir aufgetaucht ist. War er wirklich da? Oder war er nur eine Ausgeburt meiner Fantasie, meiner Panik? Ich bin mir nicht mehr sicher. Ich zweifle das erste Mal an meinem Verstand. Ich fühle mich so schrecklich wie noch nie. Ich möchte nur noch heim, in Sicherheit sein. Ich stehe auf und gehe ganz langsam, Schritt für Schritt nach Hause.

7

»Herzlichen Glückwunsch, das war Ihre erste richtige Panikattacke«, gratuliert mir mein Therapeut eine Woche später. Schockiert starre ich ihn an. Ich bin einunddreißig Jahre alt, leide seit meinem elften Lebensjahr an einer Angststörung und darf mich jetzt auch noch dem Klub der Panikattackengeplagten anschließen. Dass ich es bisher »nur« mit Angstgefühlen zu tun hatte, daran hatte ich mich gewöhnt. Panikattacken waren mir fremd – und es wäre gelogen, würde ich behaupten, nicht ein bisschen stolz darauf gewesen zu sein. Es machte mich in meinen Augen ein bisschen weniger verrückt. Tja, das ist dann wohl Geschichte.

»Warum kommt denn das jetzt auch noch?«, frage ich ihn verstört. Jahrelang lebe ich schon mit Angstgefühlen, meine Welt ist unsicher und gefährlich, doch ich möchte fast sagen, die Panikattacke an der Isar war ein anderes Level. So hilflos und schrecklich habe ich mich mein ganzes Leben noch nicht gefühlt. »Ich will das nie wieder erleben. Das war extrem schlimm.« Er nickt.

Als ich ihm stockend und ein bisschen beschämt von dem Hund erzähle, von dem ich mich erst verfolgt gefühlt habe, danach nicht einmal sicher war, ob er überhaupt da war, runzelt er die Stirn. »Es kann schon sein, dass Sie sich den Hund tatsächlich nur eingebildet haben, solche Halluzinationen kommen schon mal vor bei einer ausgewachsenen Panikattacke.«

Später sprechen wir über das Warum. Dass Stress, mein Anspruch an mich selbst und das Übergehen der eigenen Bedürfnisse zugunsten von Leistung und Ehrgeiz zu meiner Angst – und diesmal zu einer Panikattacke – geführt haben. »Sie haben nicht auf die Anzeichen gehört, Sie hätten schon bei den Krämpfen im Fuß aufhören sollen.« Diesmal nicke ich. Er hat recht. »Die Panikattacke kam nicht einfach so aus dem Nichts, auch wenn es sich so angefühlt haben mag, sie hat sich im Voraus angekündigt, Sie wollten es nur nicht wahrhaben.« Wieder nicke ich stumm.

Es ist der Tag, an dem ich umzudenken lerne. Über die Jahre habe ich viel über Angst gelernt, doch erst dieses Horrorerlebnis führt dazu, dass ich die Angst nicht mehr nur verdränge, sondern sie ernst nehme. »Ich kann sie nicht wegschieben. Ich muss ihr zuhören, richtig?« Mein Therapeut nickt ernst. Katja und ich – wir müssen Freundinnen werden. »Na, großartig.«

8

Zwei Panikattacken hatte ich bisher in meinem Leben. Eine an der Isar und kurz danach noch mal eine bei meinem Therapeuten. Um ehrlich zu sein, reicht mir das auch erst mal. Da versuche ich jahrelang, die Angststörung loszuwerden, mich Katja immer wieder in den Weg zu stellen und mit jeder Menge Selfcare die Ängste in den Griff zu bekommen, und was passiert? Es wird schlimmer.

Die Panikattacken haben mir eine Heidenangst eingejagt. Welche Ironie, wenn man bedenkt, dass es bis dato meine größte Angst war, mit der U-Bahn im Tunnel stehen zu bleiben. Diese Sorge ist keineswegs verschwunden, hinzu kommt jetzt jedoch noch eine unsagbare Furcht vor einem erneuten Überfall der Panik. Angst vor der Angst.

Damit Ärzt*innen von einer Panikattacke sprechen, müssen mindesten vier der folgenden Symptome gleichzeitig auftreten, ohne dass es dafür einen körperlichen Grund gibt:

Herzrasen oder sehr starkes Herzklopfen, unregelmäßiger Herzschlag

Schweißausbrüche und Schwitzen

Zittern

Verminderter Speichelfluss; ein trockener Mund und Schluckbeschwerden sind die Folge

Atemnot, Kurzatmigkeit, Erstickungsgefühl

Beklemmungsgefühle im Hals oder in der Brust

Hitzewallungen oder aber Gänsehaut und Frösteln, manchmal beides gleichzeitig oder kurz aufeinanderfolgend

Taubheitsgefühle oder Kribbeln in den Gliedmaßen sowie auf der Haut

Übelkeit, Würgereiz, Unwohlsein sowie starke Unruhe im Magen

Schwindelgefühle sowie Schwäche oder Benommenheit

Ohnmachtsgefühl

Derealisation (Umgebung wird als unwirklich wahrgenommen) sowie Depersonalisation (Gefühl des Entferntseins oder nicht wirklich da Seins)

Angst, verrückt zu werden oder die Kontrolle zu verlieren

Todesangst

Bei meiner Panikattacke an der Isar erfasste mich zuerst meine gewohnte Angst, die üblicherweise von Übelkeit, Magen-Darm-Problemen sowie einem Schwächegefühl begleitet wird. Hinzu kamen dieses Mal jedoch noch Hitzewallungen, Beklemmungsgefühle sowie das Gefühl, die Kontrolle komplett zu verlieren und nie wieder nach Hause zu kommen. Auch löste die aufsteigende Panik in mir eine Art Derealisation aus. Bis heute weiß ich nicht, ob tatsächlich ein Hund neben mir lief oder nicht. Unheimlich, oder?

Dreißig Minuten dauert in der Regel so eine Panikattacke. Ich, die ich es gewöhnt bin, stunden-, manchmal tagelang in Angstzuständen zu verbringen, sollte darüber vermutlich lachen. Doch diese dreißig Minuten haben es in sich.

Meine langjährige Erfahrung mit diversen Beruhigungstechniken half mir, die Panikattacke relativ schnell wieder in den Griff zu bekommen. Mein Kopf siegte über die aufkeimende Emotion und die damit einhergehenden körperlichen Symptome – und trotzdem, noch nie in meiner gesamten Angstkarriere habe ich etwas Furchterregenderes erlebt als jene zehn Minuten. Menschen, die weniger erfahren sind im Umgang mit Angst und Panik, können sich zwar erst einmal glücklich schätzen, kriegen es aber bei ihrer ersten Panikattacke wirklich mit Todesangst zu tun. Wer plötzlich scheinbar ohne Grund keine Luft mehr bekommt, wer das Gefühl hat, jede Sekunde umzufallen, und am ganzen Körper zittert, versteht die Welt nicht mehr.

Das Gemeine an Panikattacken ist: Sie kommen vermeintlich aus dem Nichts und erwischen einen eiskalt, dann, wenn man nicht ansatzweise damit rechnet. Gerade steht man noch entspannt an der Supermarktkasse, plötzlich reißt einen die Panik mit sich. Oder man sitzt fröhlich im Auto auf dem Weg in den Urlaub, und auf einmal will man nur noch weg, bekommt Atemnot und Ohnmachtsgefühle. Und das mitten auf der Autobahn.

Denn Panikattacken sind im Vergleich zu Angstattacken losgelöst von realen Ursachen. Anders als bei der Angst gibt es scheinbar keinen konkreten Auslöser.

Ein Beispiel: Wer eine Spinnenphobie hat und plötzlich im Schlafzimmer mit einer dicken Spinne konfrontiert wird, wird voller Angst aus dem Bett springen und ins nächste Zimmer rennen. Auch wenn die Spinne aus dem Blickfeld ist, werden Angstreaktionen wie Zittern, Schwindel oder auch Atemnot auftreten. Doch der Auslöser ist bekannt. Ist die Spinne ins Freie befördert, entspannt sich der Körper, die Gefahr ist gebannt.

Bei einer Panikattacke passiert zwar dasselbe, das heißt, die gewohnten Angstsymptome überfallen uns, doch die vermeintliche Spinne ist nicht zu sehen. Wir können den Auslöser auf den ersten Blick nicht erkennen. Die Panikattacke erwischt uns in einer sicheren Umgebung und macht unser Leben unsicher. Das macht sie scheinbar unberechenbar. Denn wenn sie einfach so, ganz plötzlich kommt, kann sie uns doch jederzeit mit in den Höllenschlund reißen, oder?

Nein. Denn jede Panikattacke ist eine Stressreaktion unseres

Körpers und Geistes. Es gibt sehr wohl einen Auslöser, er liegt nur tiefer, im Verborgenen. Wir müssen lernen, genauer hinzuhören.

Als ich meine Panikattacke an der Isar hatte, ging es mir gut. Katja hatte sich lange Zeit nicht gezeigt, ich fühlte mich frei und unabhängig. Dass die Zeichen an jenem Tag tatsächlich aber gar nicht gut standen, wollte ich nicht wahrhaben. Ich war überarbeitet, gestresst und stand unter Leistungsdruck. Meine Beine schmerzten und die Temperaturen waren hoch. Ich war zu dick angezogen, mein Körper zu schwach. Schon im Vorfeld hatte er mir Zeichen gesandt, dass heute vielleicht nicht der beste Tag für einen Siebenkilometerlauf war. Doch ich hatte sie gekonnt ignoriert.

Wie so oft, wenn ich nicht auf meinen Körper hören wollte, meldete sich die Angst, sie sagte mehrfach Stopp, ließ mich unruhig und nervös werden. Da ich jedoch zu hundert Prozent auf Konfrontation gepolt war und alle Signale ausblendete, packte Katja schließlich den Hammer aus und briet mir eins über. »Dann halt auf die harte Tour«, dachte sie sich wohl.

O ja, zwei Panikattacken reichten definitiv, um mein Denken zu verändern.

9

Die Sonne brennt auf uns herab. So warm ist es nur selten Ende September. Ausgepowert und müde setzen wir uns ins aufgeheizte Auto. Meine Schwester, meine Mama und ich. Nach einem langen Tag bei Freunden in München geht es nun zurück ins oberbayerische Kleinstädtchen. In regelmäßigen Abständen besuchen wir München, die Großstadt, die gar nicht so groß ist, wie ich später erfahren werde. Doch mit knapp elf Jahren erscheint mir München wie ein riesiges Labyrinth, in dem man nur verloren gehen kann.

Die Sonne neigt sich im Westen schon dem Horizont zu, wir fahren wie immer über den mittleren Ring Richtung Osten. Achtzig Kilometer, eine gute Stunde Autofahrt liegt vor uns. Ich darf vorne sitzen, während meine Schwester hinten bereits halb döst. Eigentlich alles wie immer. Fast. Es staut sich, anscheinend wollen alle gerade nach Hause. Nichts Ungewöhnliches um diese Uhrzeit, und doch bemerke ich eine Veränderung. Meine Mutter neben mir atmet schwer. Sie ist hibbelig, räuspert sich mehrmals hintereinander. Ich blicke beunruhigt zu ihr. Aus dem Nichts sagt sie plötzlich: »Toni, ich halte jetzt hier am Seitenstreifen an.« Wir halten, sie steigt aus und kommt um das Auto herum auf meine Seite, öffnet die Beifahrertür. Wir stehen in einer der Notfallbuchten vor einem Tunnel am mittleren Ring. »Wenn ich umkippe, rufst du an der Notrufsäule einen Arzt.«

Entgeistert starre ich meine Mutter an. »Du steigst jetzt ein und fährst weiter«, schreie ich sie an.

Ich kenne meine Mutter so nicht, bekomme Angst und will nur noch eines: nach Hause. Wir stehen mitten in München, die Autos rasen an uns vorbei, es wird Abend.

Angespannt steigt sie wieder ins Auto. Wir fahren weiter. Auch der Stau löst sich langsam auf. Es sind nur noch wenige Meter bis zur Autobahnauffahrt, als meine Mutter erneut an den Straßenrand fährt und anhält. Wieder steigt sie aus. »Ich kann nicht weiterfahren.«

Mir wird schlecht. Meiner Mutter auch. Sie steht neben dem Auto, dann sitzt sie irgendwann am Straßenrand, erbricht sich. Mir wird schwindelig, meine Schwester weint. Ich fühle mich verloren. »Lauf zur Tankstelle und hole Hilfe«, bittet mich meine Mutter.

»Was soll ich denn sagen?«

»Dass es deiner Mutter nicht gut geht und du Hilfe brauchst.«

Es ist ein Albtraum. Schon damals weiß ich, dass ich das alles ganz schrecklich finde, doch artikulieren kann ich es nicht. Meine starke Mutter ist plötzlich ganz schwach. Ich fühle mich überfordert und habe fürchterliche Angst.

Wie ferngesteuert renne ich los. In der Ferne sehe ich die Lichter einer Tankstelle, nach hundert Metern erreiche ich sie. In Panik laufe ich in den Laden und blicke zum Tankwart hoch. »Bitte helfen Sie mir, meiner Mutter geht es nicht gut, und ich weiß nicht, was ich tun soll«, spule ich atemlos herunter.

Er blickt mich schulterzuckend an und sagt: »Ich kann hier nicht weg.« Das gibt mir den Rest. Weinend stehe ich vor ihm, meine Beine zittern.

»Wir kommen mit dir«, höre ich eine Stimme neben mir. Ein junges Pärchen packt schnell seine Einkäufe ins Auto und eilt dann mit mir zu meiner Mutter.

»Mama, Mama, hier sind welche, die uns helfen«, rufe ich schon von Weitem. Meine Schwester sitzt neben meiner Mutter, umklammert sie. Während das Pärchen vor ihnen in die Knie geht, setze ich mich ein paar Meter weiter zitternd an den Straßenrand. Mir ist kotzübel. Der Stress ist fast unerträglich. Die schönen Stunden in München scheinen Lichtjahre entfernt. Ich fühle mich furchtbar. Vor lauter Überforderung übergebe ich mich.

Wie durch dichten Nebel bekomme ich mit, wie der junge Mann ein Mobiltelefon zückt. Ein ungewöhnlicher Anblick im Jahr 1997. Sie rufen jemanden an. Ich schleppe mich zu ihnen. »Was passiert jetzt?«

»Die Freundin, bei der ihr wart, kommt euch holen«, sagt die junge Frau. Meine Mutter starrt mich mit leerem Blick an. Das erste Mal an diesem Abend fühle ich Erleichterung. Gleich sind wir nicht mehr allein.

Eine halbe Stunde später ist die Freundin da, sie übernimmt das Kümmern, das junge Pärchen verabschiedet sich und geht zurück zur Tankstelle. Meine Schwester und ich sitzen weiter am Straßenrand. »Wir müssen doch morgen in die Schule«, sage ich zu ihr. Sie nickt stumm. Beide blicken wir gen Himmel, die Sonne geht langsam unter. Ich hole unsere Jacken aus dem Kofferraum, es wird kalt.

Eine weitere Stunde später treffen Freunde aus unserem Heimatort bei uns ein, sie teilen sich auf und fahren uns und unser Auto nach Hause. Meine Mutter sitzt erschöpft auf dem Beifahrersitz, immer noch spricht sie nichts, starrt nur leer vor sich hin. Meine Schwester und ich auf der Rückbank wagen es kaum, uns zu rühren. Aber wir sind in Sicherheit und auf dem Heimweg. Mittlerweile ist es 21 Uhr, und alles hat sich verändert.

Bis zu jenem Tag hatte ich mich immer sicher gefühlt. Meine Mutter, meine Schwester und ich gegen den Rest der Welt. Mein Urvertrauen in meine Mutter war unerschütterlich, bis zu jenem Ereignis. Mit elf Jahren ist man zu klein, um das Konzept einer Panikattacke zu verstehen. In meinem Verständnis war einfach aus dem Nichts etwas Schreckliches passiert. Erst Jahre später habe ich aus eigener Erfahrung gelernt, dass Panikattacken nicht einfach so kommen, doch bis dahin war ich immer auf der Hut.

Damals hielt die Angst Einzug in mein Leben. Zwar hatte ich nicht selbst eine Panikattacke erlitten, aber ich hatte gelernt, wie unberechenbar das Leben sein kann. Wie gefährlich ein Stau möglicherweise ist und wie schnell man einfach nicht mehr kann. Die Angst hatte laut und deutlich Hallo gesagt. Und leise hinterhergezischt: »Ich bleibe.«

10

Die Angst bleibt nicht. Das Trauma meiner Kindheit, jener Abend und die darauffolgende Unsicherheit werden erst einmal verdrängt. Als wir wieder zu Hause sind, geht es uns allen besser. Wir sind noch erschöpft von der Strapaze, wir reden darüber, doch in den Neunzigerjahren ist man noch weit von einem offenen Umgang mit seelischen Erkrankungen entfernt. Jenes Erlebnis wird also nur innerhalb unserer Familie aufgearbeitet. Es funktioniert – zumindest für eine Weile.

Als die Übelkeit in mein Leben kommt, geht es meiner Mutter wieder sehr viel besser. Eine Mixtur aus unverarbeiteten Traumata in ihrer Kindheit sowie die permanente Überforderung, die das Leben als alleinerziehende, arbeitende Mutter zweier Kinder mit sich bringt, hatte den Weg für ihre Panikattacken bereitet. Doch inzwischen liegt der München-Vorfall Jahre zurück, sie hat erfolgreich eine Therapie gemacht und die Panikattacken überwunden.

In den Wochen, in denen es ihr schlecht ging, war ich oft ihr Anker. Ich ging einkaufen, kümmerte mich um den Haushalt, übernahm die Verantwortung für meine Schwester und mich und sorgte für uns drei. Jetzt, wo es meiner Mutter wieder gut geht, hätte ich eigentlich damit aufhören können. Doch das funktioniert nicht. Die Panikattacke meiner Mutter sowie weitere Einbrüche haben mich geprägt. Meine Welt ist unsicher geworden, überall lauern Gefahren. Ich bin jederzeit darauf gefasst, dass ihr oder meiner Schwester etwas Schlimmes passiert. Ich fühle mich verantwortlich, wo ich es nicht müsste. Jedes Mal, wenn wir in ein Auto steigen, jedes Mal, wenn wir das Haus verlassen, erteile ich mir unterbewusst den Auftrag, achtzugeben, dass uns nichts geschieht. Ich bin immer auf der Hut. Kurzum: Ich übernehme die Angst meiner Mutter.

Doch während sie mittlerweile weiß, was der Grund ihrer Panikattacken ist und wie sie diese mit Konfrontation und Akzeptanz überwinden kann, traue ich dem Frieden nicht. Während sie dank Therapie mutig vorangeht, sich wieder in Situationen wagt, in denen sie vorher zusammenzuklappen drohte – Autobahn- und Zugfahrten, Stau und Supermarktbesuche –, bin ich jetzt diejenige, die Angst hat. Angst, dass es wieder passiert. Angst, dass wir wieder die Kontrolle verlieren. Angst, dass wir wieder hilflos dastehen. Angst, dass einer von uns dreien, meiner Mutter, meiner Schwester oder mir, etwas zustößt.

Am sichersten fühle ich mich zu Hause, ein Gefühl, das mich noch viele Jahre begleitet. Selbst als ich ausgezogen bin und die Ängste fast verschwunden sind. Mein Zuhause bleibt der sichere Hafen.

In den ersten Jahren meiner Angsterkrankung trage ich unbewusst und ohne, dass es jemand von mir verlangt, weiterhin die volle Verantwortung. Immer dann, wenn meine Schwester, meine Mutter und ich alleine unterwegs sind. Entspannen kann ich erst, wenn Dritte wie meine Tante, Freunde und Bekannte uns begleiten. Dann kann ich loslassen und Kind sein. Die Verantwortung liegt dann nicht mehr nur auf meinen Schultern. Trotzdem bleibe ich wachsam, immer an der Seite meiner Familie und passe auf.

In diesen Jahren lerne ich Katja kennen. Sie nutzt meine Fürsorge aus, kommt mal lauter, mal leiser zu mir, am liebsten, wenn ich meine gewohnte Umgebung verlasse, meine Familie nicht in der Nähe ist, ich nicht zu Hause bin. »Mit dir allein unterwegs zu sein macht so viel Spaß«, lacht sie dann beglückt. Ich schlucke schwer. Das ist eine sehr einseitige Freundschaft.

11

Als ich das Licht ausmache und mich im Bett umdrehe, sitzt sie plötzlich da. Mein Körper spannt sich an, Unruhe macht sich in mir breit. »Na, schon aufgeregt wegen morgen?« Katja schlägt die Beine übereinander, macht es sich am Bettende gemütlich. Ich blicke in den dunklen Raum. »Du bist schon lange nicht mehr Zug gefahren, du weißt doch, was dabei alles passieren kann.« Ich schließe meine Augen, am besten gar nicht darauf hören. Die Angst ignorieren.

Doch Katja hat recht. Mir steht eine Zugfahrt bevor. Alleine nach München. Von meinem Heimatort dauert es sechzig Minuten bis zum Ostbahnhof, dann mit der U-Bahn weiter Richtung Zentrum. Ein Vorstellungsgespräch wartet auf mich. Morgens um acht Uhr hin, das Gespräch um zehn Uhr, anschließend geht es wieder nach Hause.

Eigentlich halb so wild. Eigentlich machbar mit fast achtzehn Jahren. Eigentlich.

»Ach ja, du musst ja dann auch noch U-Bahn fahren und ein Gespräch absolvieren. Also, ich könnte jetzt nicht so ruhig einschlafen«, sagt die Angst. Sie blickt im Zimmer umher, ich starre sie an. Ich muss jetzt schlafen, denke ich, ich muss fit sein. Das ist viel zu viel »müssen« für meinen gestressten Geist. Meine Gedanken überschlagen sich.

Was, wenn mir während der Zugfahrt schlecht wird?

Was, wenn die U-Bahn im Tunnel stehen bleibt?

Was, wenn mir während des Gesprächs schwindelig wird und ich schnell an die frische Luft muss?

Was, wenn ich nicht mehr nach Hause komme und in München festsitze?

Was, wenn ich ganz alleine an der U-Bahn-Station stehe, mit Übelkeit und Schwindel?

Was, wenn vielleicht auch gar nichts passiert?

Der letzte Gedanke ist ganz leise. Zu laut sind die anderen »Was, wenns«. Ich verfluche meine wilde Fantasie.

»Du solltest lieber nicht fahren.« Katja unterbricht meine Gedanken. »Es ist wirklich zu gefährlich. Und ganz ehrlich, diesen Job willst du doch sowieso nicht.«

Will ich diesen Job? Eine duale Ausbildung bei einem großen Unternehmen? Ich weiß es nicht. Ich weiß nur, ich muss hinfahren. Ich darf der Angst keinen Raum geben. »Du weißt schon, wenn du doch in den Zug steigst, bin ich dabei. Die ganze Zeit.« Aus Katjas Mund klingt das wie eine Drohung. Ihre hageren Gesichtszüge verzerren sich zu einem Grinsen. »Hach, das wird lustig.«

Ich schlage mir die Decke über den Kopf. Ich will nichts mehr davon hören. Katja soll verschwinden, und mit ihr die vielen Gedanken.

Ich habe Angst vor der Angst. So sehr, dass ich nur mit Mühe einschlafe. Mein letzter Blick fällt am Ende doch noch mal auf die hagere Gestalt zu meinen Füßen, die ganz wachsam auf mich herabblickt. Sie kontrolliert, ob ich auch wirklich schlafe oder nicht doch noch für ein paar Sätze von ihr empfänglich bin.

In der Nacht wache ich immer wieder auf, schaue auf die Uhr und zähle die Stunden, bis ich aufstehen muss. Nur ein Gedanke an meine bevorstehende Aufgabe reicht, und die Übelkeit hält Einzug. »Ich schaffe es nicht.« Diese Befürchtung lässt mich nicht mehr los.

Als der Wecker klingelt, bin ich wie gerädert. Im Halbschlaf nehme ich wahr, dass Katja mich mit ihren großen Augen anstarrt. »Der Tag ist gekommen, jetzt musst du los.« Eifrig klatscht sie in die Hände, der Laut, den ihre knochigen Finger dabei machen, lässt mich erschaudern. Ich bin nervös, unruhig und den Tränen nahe.

Als ich ins Badezimmer schlurfe, tönt gerade Shakira aus dem Radio, meine Mutter werkelt in der Küche, auf dem Flur begegne ich meiner müden Schwester. Wie ferngesteuert gehe ich an ihnen vorbei. Schon jetzt muss ich den Würgereiz unterdrücken, die Anspannung und Aufregung ist so groß, dass ich nur unter Anstrengung meine Zähne putzen kann. Erschöpft lasse ich mich auf den Badewannenrand fallen. Katja, wie soll es anders sein, sitzt neben mir. »Wir sollten zu Hause bleiben, meinst du nicht?«

Bevor ich antworten kann, klopft meine Mutter an die Badezimmertüre. »Toni, kommst du? Wir müssen uns heute ein bisschen beeilen.«

»Ja«, krächze ich, als sie die Türe öffnet.

»Du weißt, dass du da heute hinmusst«, sagt sie. »Wenn du mal unterwegs bist, geht es, versprochen.« Ich nicke stumm, Tränen laufen mir die Wangen hinab.

Beim Frühstück bekomme ich kaum einen Bissen hinunter, ich zwinge mich, einen Apfel zu essen, auch wenn mir Katja immer wieder ins Ohr zischt: »Dir ist schlecht. Dir ist schlecht.«

Der Gedanke an die Zugfahrt ist unerträglich. Trotzdem sitze ich irgendwann im Auto zum Bahnhof. Am Bahnsteig umklammere ich meine Wasserflasche, versuche durch gezielte Atmung die Übelkeit in den Griff zu bekommen. Als der Zug einfährt, steht auch Katja neben mir. »Los geht die Reise.« Wir steigen beide ein.

Während der Fahrt schreit meine Seele ununterbrochen: »Ich kann das nicht!« Mein Kopf hält dagegen: »Doch. Es kann nichts passieren.« Minutenlang kämpfe ich innerlich mit mir. Bei der ersten Haltestelle schwanke ich zwischen Rausspringen und Sitzenbleiben. Es ist ein anstrengender Kampf, doch mein

Kopf gewinnt. Ich atme tief ein und aus, versuche, mich auf andere Dinge zu konzentrieren. Katja stupst mich immer wieder an, aber mit jedem Meter, den die Regionalbahn in Richtung München rollt, entspannt sich mein Körper mehr.

Katja sitzt mir gegenüber, sie ist eingeschlafen. »Endlich Ruhe«, denke ich. Doch schon am Ostbahnhof wacht sie wieder auf. »Hui, das ging ja flott, na, dann los ins Großstadtgetümmel.« Nervös steige ich aus, eile durch den Bahnhof und steige in die U-Bahn um.

Angekommen bei dem Unternehmen, atme ich durch. Ich habe es bis hierher geschafft. Ein erster Erfolg. »Siehst du, es geht doch«, sage ich mehr zu mir als zu meiner unerwünschten Begleiterin. Ich bin noch unruhig und angespannt, doch auch das Bewerbungsgespräch meistere ich. Katja wartet vor der Tür, erst auf dem Bahnsteig steht sie wieder neben mir. Doch sie ist diesmal leise, bleibt immer einen Schritt hinter mir. Im Trubel der Menschen verschwindet sie fast. Heute habe ich die Angst besiegt.

Auf dem Weg zurück Richtung Heimat meldet sich dann auch mein Magen. Hunger. Ein gutes Zeichen. Ich beiße in meinen mitgebrachten Apfel, blicke auf die an mir vorbeirauschende Landschaft und bin stolz. »Ich hab's geschafft. Es ist nichts passiert«, denke ich. Unter die Freude mischt sich aber auch Müdigkeit. Ich bin erschöpft, die Anstrengung und die Anspannung fordern ihren Tribut. Ein Marathonlauf ist nichts dagegen, schießt mir noch durch den Kopf, als ich meine Augen schließe, dem Rattern der fast leeren Regionalbahn lausche und den Rest der Fahrt entspanne.

Katja sitzt währenddessen in einem anderen Abteil. Sie ist beleidigt, ich habe wieder einmal nicht auf sie gehört. »Tja, das nächste Mal wird es mindestens genauso schlimm«, schwört sie sich, ihre hagere Gestalt versinkt im blauen Sitz der Deutschen Bahn. »Bis du endlich auf mich hörst und erkennst, in welche Gefahr du dich ohne mich begibst.« Glücklicherweise höre ich das nicht.

12

Als die Angst Einzug in mein Leben hält, weiß ich noch nicht, wie lange sie bleiben wird. Doch je öfter sie an meine Tür klopft, sich beim Essen neben mich setzt oder bei Klassenfahrten meine stille Begleiterin ist, desto größer wird die Angst vor der Angst.

Wer an einer Angststörung leidet, weiß, dass ihm rational gesehen nichts passieren kann. Trotzdem fühlt sich der Moment der Angst so schrecklich an, dass man beginnt, schon vor Situationen, in denen man in der Vergangenheit einmal Angst hatte, Angst zu haben. Man geht instinktiv immer weniger Risiken ein. So rutscht man schnell in eine Spirale der Angst vor der Angst.

Auch ich habe plötzlich ständig Angst, dass sie wiederkommt, dieses Ungeheuer namens Katja, das mir seit geraumer Zeit das Leben schwer macht. Nicht nur, dass es mich belastet, dass Katja in regelmäßigen Abständen Hallo sagt, nein, mittlerweile halte ich schon regelrecht nach Situationen Ausschau, die Katja zu mir einladen könnten.

In wenigen Wochen eine Klassenfahrt machen? Na klar. Doch je näher der Termin rückt, desto nervöser werde ich. Werde ich es wirklich schaffen? Wird Katja diesmal daheimbleiben?

Die Tage vor der Klassenfahrt schlafe ich schlecht, bis zum Vorabend der Abfahrt, an dem an Schlaf überhaupt nicht mehr zu denken ist. Mir ist schlecht, heiß und kalt zugleich, und eigentlich will ich nur eines: weinen und absagen. Die Angst vor der Angst hat mich fest im Griff.

Dabei war ich bislang weder in dieser Situation, noch hat sich Katja im Vorfeld gemeldet und mir einen Höllentrip versprochen. Das tue nur ich allein. Ich bin mir einfach sicher, Katja wird mitfahren und mein Leben zur Hölle machen. Ich werde es nicht schaffen, an Übelkeit umkippen und ganz alleine irgendwo zurückbleiben. Alle Worte, alles gute Zureden, alles »Du bist nicht allein«, »Selbst wenn dir schlecht wird, kann dir nichts passieren« oder »Es geht auch vorbei« helfen nichts. Ich bin überzeugt, eine weitere Angstsituation nicht überstehen zu können. Mein einziger Ausweg: absagen. Daheim- und somit in Sicherheit bleiben.

Je öfter ich solchen Situationen aus dem Weg gehe, desto schneller zieht sich die Schlinge zu. Alles wird plötzlich zur Gefahr, und mit jeder Absage beweise ich der Angst, dass sie recht hat. Das, was ich mir vorgenommen habe, ist gefährlich, also bleibe ich besser daheim. Während ich kurzfristig entspanne, überlegt sich Katja bereits neue Ziele, die ebenfalls gefährlich werden könnten.

Mediziner*innen sprechen bei der Angst vor der Angst auch von der Erwartungsangst. Die Erfahrung, in einer an sich ungefährlichen Situation Angst zu haben, versetzt Betroffene so in Schrecken, dass sie dieses Gefühl nicht noch einmal erleben wollen. Gleichzeitig erwarten sie ständig, weitere Angstattacken zu erleiden. Die Befürchtung ist so groß, dass sie lieber gar nichts mehr ausprobieren, was sie nicht kennen oder bei dem sie sich nicht hundertprozentig sicher fühlen. Sie sind verunsichert und trauen ihrem bislang sicheren Leben nicht mehr.

Die Erwartungsangst zusammen mit dem ständigen Beobachten der potenziell gefährlichen Situation und dem Überwachen des eigenen Körpers in dieser Situation sorgt für ein erhöhtes Erregungsniveau. Dadurch steigt aber auch die Wahrscheinlichkeit, dass der Körper wirklich reagiert, und zwar mit den typischen Angstsymptomen. Ein Teufelskreis beginnt.

Die einzige Lösung besteht darin, sich der Angst zu stellen, neu zu lernen, dass trotz der körperlichen Symptome nichts passiert, dass alles Zittern, Schwitzen und um Luft Ringen nur psychosomatische Auswirkungen einer irrationalen Angst sind. Da aber die Angst vor den Symptomen schon so groß geworden ist, passiert oft das Gegenteil: Die Betroffenen vermeiden.

Über die Jahre hinweg werde ich zur Meisterin der Vermeidung. Auch wenn ich erst mit siebzehn eine handfeste Diagnose erhalte, merke ich schon früh, dass etwas nicht stimmt. Seit dem Erlebnis auf der Autobahn geht es mir in bestimmten Situationen schlecht. Spätestens mit vierzehn Jahren ist mir bewusst, dass ich mehr Angst habe als andere. Phasenweise erlebe ich sie stärker, dann gibt es wieder Jahre, in denen ich mich völlig frei und ohne Einschränkung bewege. Aber auch in diesen guten Zeiten tappe ich schon bei leichten Erschütterungen in die Vermeidungsfalle, statt mich in die Konfrontation zu begeben.

In den Jahren meiner Angsterkrankung vermeide ich Urlaube, fahre manchmal weder U-Bahn, Bus noch S-Bahn oder Zug. Ich nehme kilometerweite Umwege auf Landstraßen in Kauf aus Angst, auf der Autobahn in einen Stau zu geraten und nicht wegzukönnen. Ich vermeide es, in öffentlichen Räumen zu essen, und hasse es, auswärts zu übernachten. Ich bin jederzeit auf Katja eingestellt.

Ich will jederzeit das Gefühl haben, die Situation unter Kontrolle zu haben.

13

Therapie. Acht Buchstaben, die mir eine Heidenangst einjagen. Ich bin siebzehn Jahre alt und kenne niemanden, der zur Therapie geht. Tatsächlich kenne ich viele, denen ich zu einer raten würde, aber eigentlich dachte ich da eher an andere, nicht an mich. Therapie ist Anfang der Nullerjahre weder eine Modeerscheinung wie in den USA noch ein Thema, über das man auf dem Schulflur offen spricht. Wer zur Therapie geht, ist erst mal eins: verrückt.

Bin ich also verrückt?

Diese Frage stelle ich mir seit geraumer Zeit. Es ist 2003, und für den Moment weiß ich nur: Irgendwas stimmt nicht. Während die ersten meiner Freunde alleine durch die Weltgeschichte reisen, ist für mich der Ausflug in die Nachbarstadt schon anstrengend. Ein ziemlicher Indikator fürs Verrücktsein, findet mein siebzehnjähriges Ich. Jetzt also auch noch Therapie. Wow.

In der Hoffnung, dass ich nach ein paar Stunden Gespräch a) endlich weiß, was mit mir los ist, und b) das ganze Angstgedöns endlich wieder loskriege, willige ich ein, eine Therapie zu machen. Meine Mutter, die selbst erfolgreich eine Verhaltenstherapie absolviert hat, hat mich überzeugt. »Es wird dir danach besser gehen«, hat sie mir versprochen.

An einem sonnigen Vormittag geht es für mich zur ersten Therapiestunde. Inkognito während einer Freistunde in der Schule. »Ich helfe meinem Opa schnell bei etwas«, sage ich meinen Freundinnen, dann bin ich verschwunden. Eine weitere Lüge, denn offen gehe ich noch lange nicht mit meinen

Ängsten um. Von der Therapie will ich gleich dreimal nicht erzählen.

Mein Opa holt mich von der Schule ab und fährt mich zu meiner Therapeutin, Frau Schmitt-Wagenstätter*. Durch ein kleines Gartentor geht es zu einem kleinen blauen Haus. Der Garten ist voller Blumen, überall liegen bunte Steine. »Toni, in einer Stunde bin ich wieder da!«, ruft mein Opa noch, dann ist er weg. Ich schlucke. Unsicher klingele ich an der Tür. Ich erwarte eine Liege, weiße Wände und eine verschrobene Dame.

Als die Tür sich öffnet, strahlt mich eine rundliche Frau an. »Oh, wie schön, dass Sie da sind.« Ich lächle gequält, trete ein und folge der Unbekannten in ihrem Seidenkaftan in das alte Bauernhaus. Frau Schmitt-Wagenstätter führt mich in ein Zimmer voller Pflanzen, zwei Sessel stehen sich gegenüber, eine Bücherwand vervollständigt den warmen Raum. Schön hier, denke ich, als sie mich auffordert, Platz zu nehmen. Erleichtert lasse ich mich in den Sessel plumpsen, ich muss mich nicht hinlegen. Nur die Taschentücherbox neben mir irritiert mich. Weint man hier wirklich?

»Na, dann erzählen Sie mir doch mal, was Sie zu mir führt.«

»Also, mir wird immer schlecht in bestimmten Situationen. Es ist irgendwie eine andere Übelkeit, als wenn man zu viel gegessen hat«, lache ich noch etwas unsicher, dann sprudelt es aus mir heraus.

Ich erzähle von den Situationen, in denen es mir schlecht geht. Davon, dass ich mittlerweile schon Angst habe, in diese Situationen zu geraten. Dass ich ungern alleine bin – oder alleine irgendwohin fahre. Dass ich zwar vieles mache, aber immer mit einem Magengrummeln. Dass ich Angst habe, dass es schlimmer wird, und dass ich mich am meisten vor Staus und Zugfahren ohne Begleitung fürchte.

»Können Sie mir denn sagen, was das ist?«, frage ich sie am

---

* Name wurde geändert.

Ende meiner Ausführungen hoffnungsvoll. »Können Sie mir helfen?«

Die freundliche Dame im Sessel hat eifrig mitgeschrieben. Es dauert einen Moment, dann hebt sie den Kopf. »Sind Situationen, wie alleine nach München zu fahren, für Sie Stress?« Ich nicke. »Fühlen Sie sich in engen Räumen wie einem Kino nur am Rand wohl?« Ich nicke wieder. »Würden Sie alleine irgendwohin fliegen?« Ich schüttle vehement den Kopf, muss fast laut auflachen, so absurd erscheint mir der Gedanken. »Würden Sie denn gerne?« Ich nicke erneut.

Wieder schreibt sie mit, dann hebt sie den Kopf. »Ich denke, ich kann Ihnen sagen, was Sie haben.« Mir fällt ein Stein vom Herzen. »Aber es wird eine Menge Arbeit«, unterbricht sie meinen inneren Freudentanz.

»Egal, Hauptsache, es geht mir irgendwann wieder besser«, sage ich.

Ich bin erleichtert und lächele Frau Schmitt-Wagenstätter breit an. Es geht endlich aufwärts.

14

Agoraphobie mit leichter Panikstörung lautet meine Diagnose.

Das Wort Agoraphobie leitet sich aus dem Griechischen ab. *Agora* heißt wörtlich übersetzt Marktplatz und *phóbos* bedeutet Furcht. Menschen mit Agoraphobie haben in der Regel Angst vor öffentlichen Plätzen und Situationen in der Öffentlichkeit, aus denen sie im Notfall nur schwer entkommen können oder in denen sie womöglich auf sich alleine gestellt sind. Auch vor Reisen oder davor, weit weg von zu Hause zu sein, haben sie Angst. Die Folge: Sie vermeiden weite Plätze, Menschenmengen, Kinos, Busse, Straßenbahnen, Züge oder auch Fahrstühle.

Im Volksmund wird Agoraphobie auch Platzangst genannt, die oft mit der Klaustrophobie, der Angst vor zu engen Räumen, verwechselt wird. Zwar meiden viele Agoraphobie-Patient*innen auch die Enge, meist ist es aber nicht zu wenig Platz oder die Geschlossenheit eines Raumes, die ihnen Angst macht, sondern vielmehr dass sie nicht fliehen können.

Die Agoraphobie ist immer situationsbezogen. Sie kann an den unterschiedlichsten Orten auftreten, beispielsweise im Theater, in öffentlichen Verkehrsmitteln, bei Veranstaltungen, im Flugzeug, auf Brücken, im Restaurant oder auch im Supermarkt oder Kaufhaus.

Ich fühle Erleichterung, als mir meine Therapeutin die Agoraphobie beschreibt. Das bin ich. Sobald ich im Stau stehe, werde ich unruhig, weil ich nicht wegkann. Auch die U-Bahn im Tunnel oder der Flug in den Urlaub sind Situationen, in denen ich die Kontrolle abgeben muss und nicht selbstbestimmt aussteigen kann. Dasselbe gilt, wenn ich weit weg von zu Hause bin und Angst habe, dass mir schlecht wird, und ich hilflos und auf mich allein gestellt bin.

Kleiner Disclaimer: In all den Jahren meiner Angsterkrankung war ich nie hilflos an einem öffentlichen Ort. Die Angst davor habe ich trotzdem. Schon ein bisschen verrückt, nicht?

Beruhigung verschaffen mir Begleitpersonen, sichere Orte und natürlich das Vermeiden der angstbesetzten Situation. Letzteres fördert jedoch am Ende nur die Angst und führt wieder zu dem schon beschriebenen Teufelskreis der Angst vor der Angst. Wer vermeidet, beweist sich psychologisch, dass die Angst vor jener Situation berechtigt ist. Die Erleichterung ist nur von kurzer Dauer, langfristig wird die Angsttoleranzgrenze immer niedriger.

Als ich nach meinem ersten Therapietermin wieder zu Hause bin, google ich sofort und merke: Agoraphobie ist weitverbreitet. Tausende Menschen im deutschsprachigen Raum leiden an dieser Angsterkrankung. Manche leiden im Kleinen, gehen vielleicht wie ich mit Bauchschmerzen essen oder fliegen nur ungern in den Urlaub, andere jedoch haben seit Jahren das Haus nicht mehr verlassen.

Ich tauche tiefer in die Welt der Angsterkrankungen ein und erkenne: Ich bin überhaupt nicht so allein, wie ich mich die letzten Jahre über gefühlt habe. Angst zu haben ist normal. Die wenigsten sprechen laut darüber, doch im anonymen Internet tauschen sich die Menschen aus. Viele Angstpatient*innen meistern ihr Leben ganz normal, stellen sich ihren Ängsten und wachsen aus ihnen heraus. Doch ohne Therapie geht es oft nicht.

Und: Jede Angst hat eine Ursache. Die gilt es nun zu finden.

15

Mit der Diagnose Agoraphobie habe ich endlich etwas Handfestes, an dem ich mich orientieren kann. Ich weiß jetzt, was meine Angst ist. Woher sie kommt und wie ich mit ihr umzugehen habe, lerne ich in den nächsten Jahren.

Bei meinen Recherchen im Internet begegnen mir das erste Mal die vielen Gesichter der Angst.

Generalisierte Angststörung:
Menschen mit einer generalisierten Angststörung sind dauerhaft nervös und angespannt und machen sich permanent Sorgen. Sie haben Angst, die Kontrolle zu verlieren, und fürchten, dass jederzeit ein Unglück über sie und das Leben ihrer Liebsten hereinbrechen könnte.

Soziale Phobie:
Menschen mit einer sozialen Phobie fürchten die Beurteilung ihrer Mitmenschen. Sie machen sich Sorgen, wie andere über sie denken, dass ihr Aussehen kritisiert oder ihr Verhalten als peinlich oder ungeschickt abgestempelt werden könnte.

Spezifische Phobien:
Menschen mit einer spezifischen Phobie fürchten sich vor bestimmten Dingen oder Situationen. Das kann die Angst vor Blut (Hemaphobie), die Angst vor Bienen (Melissophobie) genauso wie die Angst vor dem Erbrechen (Emetophobie), vor dem Verschlucken (Phagophobie) oder auch vor Naturgewalten sein.

Alle Ängste – von der Agoraphobie über die generalisierte Angststörung und die soziale Phobie bis hin zu den spezifischen Phobien – können leicht bis schwer ausgeprägt sein. Hüpfe ich nur kurz vor Schreck, wenn ich eine Spinne sehe, bedarf es wohl keiner Therapie. Kann ich jedoch keinen Wald oder Garten mehr betreten, aus Angst, einer Spinne zu begegnen, wird mein Leben dadurch massiv beeinträchtigt.

Wie sehr er sich von der Angst einschränken lassen möchte und ab wann er nicht mehr damit leben will, entscheidet jedoch jeder Mensch für sich. Ist der Leidensdruck zu hoch, wird die Unzufriedenheit immer größer und kommen Betroffene zu der Erkenntnis, dass die Angst vielleicht nicht nur eine Phobie, sondern eher ein Ventil für Stress, Traumata oder unbearbeitete Themen ist, kann eine Therapie helfen, der Angst und ihren Auslösern auf die Spur zu kommen.

Tatsächlich leben viele Angstpatient*innen jahrelang mit ihren Phobien, bis sie erkennen, dass die Angst in ihrem Leben das Zepter übernommen hat.

16

»Sprechen Sie denn hin und wieder mit Ihrer Angst?«, fragt mich meine Therapeutin in einer der ersten Stunden.

Ich blicke sie verwundert an. »Natürlich nicht«, antworte ich lachend.

»Sollten Sie aber.«

Ich bin verwirrt. »Warum?«

»Das hilft, gehen Sie in den Dialog mit Ihrer Angst.«

Aha. Ich habe keine Ahnung, was die gute Frau Schmitt-Wagenstätter von mir will. Ich möchte die Angst loswerden und sicher nicht mit ihr sprechen.

Die Therapeutin erkennt meine Verwirrung. »Ich weiß, das klingt erst mal komisch. Also fangen wir anders an: Wenn Sie Ihre Angst beschreiben müssten, wie würde Sie aussehen?«

Ich überlege. Wie stelle ich mir die Angst vor, diese grässliche, nervige Angst, die mir das Leben schwer macht? »Sie wäre hager. So richtig eklig hager und groß. Fast schon knochig. Wie aus einem Gruselfilm.«

»Okay. Fällt Ihnen noch etwas ein?«

Ich schließe die Augen und stelle mir meine Angst vor. »Sie ist größer als ich, und sie fühlt sich kalt an. Sie ist nicht schön.«

»Sehr gut. Was für einen Namen würden Sie ihr geben?«

Einen Namen? Ich überlege kurz. »Katja«, sage ich. Ich kenne keine Katja, und trotzdem ist mir der Name sofort durch den Kopf geschossen. Irgendwie passt dieser kantige Name gut zu meiner Vorstellung von der knochigen Gestalt.

»Gut, nennen wir sie Katja, Ihre Angst.«

»Okay«, sage ich – und bin immer noch unschlüssig, wohin

dieses Gedankenexperiment führen soll. Doch Frau Schmitt-Wagenstätter erlöst mich.

»Wann immer Sie Angst oder Anflüge von innerer Unruhe verspüren, sprechen Sie mit Katja. Fragen Sie sie, warum Sie da ist, und erklären Sie ihr, dass Sie gar nicht da sein muss.«

»Okay.« Vermutlich blicke ich die Therapeutin gerade an wie ein Pferd, das mit einer Katze spielen soll. Ist das ihr Ernst?

Ist es.

»Versuchen Sie es«, meint sie eindringlich.

Ich zucke mit den Schultern. »Na gut, hab ja nichts zu verlieren.«

Katja also. Sehr erfreut.

17

Der Nebel hängt noch über den Feldern, als mich meine Mutter zum Bahnhof fährt. Heute ist der Tag meiner ersten Exposition. Ich stelle mich meinen Ängsten in Begleitung meiner Therapeutin. Konfrontationstherapie Teil eins.

Was man sich antrainiert hat, kann man auch wieder wegtrainieren, wie eine dumme Angewohnheit, wie Nägelkauen oder ein unechtes Lachen. Das behaupten zumindest Wissenschaftler*innen. Wenn man sich immer wieder in Situationen begibt, die einem Angst machen, verliert man irgendwann den Schrecken davor. Denn objektiv betrachtet passiert bei Angst und Panik ja rein gar nichts. Die Angst vor der Angst ist die miese Verräterin, die Erwartung, dass etwas passieren könnte. Das soll »verlernt« werden – und so warte ich mit Vorfreude am Bahnhof auf Frau Schmitt-Wagenstätter.

Klar bin ich angespannt, leicht nervös, aber auch voller Tatendrang. Gemeinsam geht es nach München, eine Stunde Zugfahrt, anschließend mit S-Bahn und U-Bahn durch die Stadt. Meine Therapeutin wird mich begleiten, aber auch mal alleine lassen.

Ich bin schon dabei, mein Ticket zu kaufen, als sie in Kaftan und Schal herbeieilt. »Ach, herrje, jetzt wäre ich fast zu spät gekommen. Sie wären natürlich auch ohne mich gefahren, gell?«

»Natürlich«, antworte ich lachend – wir beide wissen, dass ich erleichtert nach Hause gefahren wäre.

»Nichts da, wir steigen jetzt ein«, sagt die resolute Dame, und gemeinsam gehen wir zum Gleis, an dem der Zug einfährt. »Wie fühlen Sie sich?«

»Ganz okay«, sage ich. Aus irgendeinem Grund ist Katja

heute zurückhaltender als sonst. Vielleicht hat sie Respekt vor der imposanten Erscheinung der Therapeutin.

Wir setzen uns in ein Viererabteil, besprechen den Tag, anschließend blicke ich aus dem Fenster und lasse meine Gedanken schweifen. Auf halber Strecke unterbricht Frau Schmitt-Wagenstätter meine Träumereien. »Also, Antonia, ich gehe jetzt in einen anderen Wagen, am Ostbahnhof treffen wir uns wieder, ja?« Ich nicke.

Katja sitzt plötzlich neben mir. Ich wende meinen Blick ab, sehe, wie meine Begleiterin durch die Tür am Ende des Wagens verschwindet, ich konzentriere mich auf die vorbeifahrende Landschaft. Katja neben mir bleibt still. Irgendwann ist sie eingenickt. Ich entspanne ebenfalls, bis wir in den Münchner Ostbahnhof einfahren.

Ich steige mit der Masse aus, Katja verliere ich glücklicherweise im Gewühl. Dafür empfängt mich eine fröhliche Therapeutin am Gleis. »Na, wie lief es?«

»Ganz gut, ich hatte kurz Angst, aber sie verschwand dann wieder.«

»Wunderbar, dann los, wir fahren in die Stadt.«

Wir verbringen den ganzen Tag in München. Ich besuche alleine Geschäfte, fahre alleine U-Bahn und trinke ein Wasser in einem überfüllten Café in der Innenstadt. Abends geht es mit dem Zug wieder heim. Katja hat sich den ganzen Tag nicht mehr blicken lassen, fast fühlt es sich so an, als wäre sie nie da gewesen.

»Wie war der Tag für Sie?«, fragt mich meine Therapeutin auf der Heimfahrt.

»Gut«, antworte ich. »Es war gar nicht so schlimm wie erwartet. Ich hatte sogar zeitweise Spaß.« Trotzdem bin ich erschöpft. »Anstrengend war es aber auch.«

»Natürlich sind Sie müde, das ist ganz normal. Aber es ist toll, dass Sie sich Ihrer Angst gestellt haben. Das wird ab jetzt Ihre Aufgabe im Alltag.«

18

Konfrontation heißt mein neues Mantra. Täglich rede ich mir gut zu: »Du schaffst das« und »Es kann nichts passieren«. Ich muss mich meiner Angst stellen, das hat mir Frau Schmitt-Wagenstätter von Anfang an klargemacht: »Vermeidung hält die Angst am Leben.« Das gegenteilige Verhalten soll meine Ängste eliminieren. Konfrontationstherapie. »Damit Sie Ihr Ziel, ein angstfreies Leben zu führen, erreichen, begeben wir uns gemeinsam in Situationen, die Ihnen Angst machen.«

Mir wird schon schlecht beim Gedanken daran. Wenngleich ich zugeben muss, dass es Sinn hat, was mir meine Therapeutin da erklärt: In der Verhaltenstherapie soll den Patient*innen bewiesen werden, dass es möglich ist, die Angst in einer Situation, die sie bisher vermieden haben, zu ertragen. Wer in der angstbesetzten Situation ausharrt und nicht beim kleinsten Anflug von Panik die Flucht ergreift, lernt außerdem, dass die Angst mit der Zeit nachlässt. Mit anderen Worten: Wer sich in eine angstbesetzte Situation begibt und dort gute Erfahrungen macht, merkt, dass ihm trotz Angstsymptomen nichts passieren kann. Je öfter er die Angst zulässt, umso geringer werden die Symptome, bis sie irgendwann ganz verschwinden.

Die Zahlen sprechen für eine solche Verhaltenstherapie: Achtzig Prozent aller Agoraphobie-Patient*innen und Sozialphobiker*innen überwinden so ihre Ängste. Bei spezifischen Ängsten wie Flugangst, einer Spinnenphobie oder der Angst vor dem Erbrechen sind es sogar 95 Prozent.

»Sie werden die Angst vor der Angst loswerden«, verspricht mir meine Therapeutin. Mit den Expositionen, also den Ausflügen in angstbesetzte Situationen, soll ich das Vertrauen in mich und meinen Körper zurückgewinnen. »Sie lernen, dass sie wieder die Kontrolle übernehmen können – und wenn sie keine Kontrolle haben, loszulassen, denn Sie wissen, es passiert nichts.«

Gemeinsam mit mir will sie meine Gedankenspiralen durchbrechen und durch positive Mantras ersetzen. »Sind Sie bereit?« Ich bin's.

In den nächsten Wochen machen wir verschiedene Ausflüge, aber auch in meiner Freizeit soll ich mich immer wieder meinen Ängsten stellen. Woche für Woche sprechen wir über das Erlebte. Langsam, aber sicher erkenne ich Fortschritte. Ich bin froh, dass mich meine Mutter zu der Verhaltenstherapie überredet hat. Ich komme mir weniger verloren vor, merke, wie ich mich freier und stärker fühle, und verstehe die Mechanismen der Angst.

Die Konfrontationstherapie hilft mir. Nach erfolgreichem Abschluss meiner Therapie geht es mir sehr viel besser, die Angst ist fast verflogen. Ich werde immer unabhängiger, beginne mein Volontariat bei einer Tageszeitung und blühe in meinem neuen Traumjob auf. Ich fahre alleine mit dem Auto überallhin, ziehe nach München, nutze jeden Tag öffentliche Verkehrsmittel und lebe ein fast freies Leben.

Nur weite Reisen alleine mit dem Zug oder dem Flugzeug traue ich mir nicht zu. Aber das neue Leben ist schon so viel besser als das alte. Ich vergesse, wie es ist, an einer Angsterkrankung zu leiden.

Was ich jedoch kaum bemerke: Die ständige Konfrontation mit der Angst und der Anspruch, sie nicht zuzulassen, fordern langsam, aber sicher ihren Tribut.

Ich habe Katja Schritt für Schritt aus meinem Leben gedrängt, ihr quasi die Freundschaft gekündigt, ohne eine Begründung dafür zu liefern. Dabei hatte sie mir noch so viel zu sagen.

19

Mein Magen grummelt, als ich in die Trambahn Richtung Münchner Ostbahnhof steige. Um zwölf Uhr mittags habe ich an jenem Frühsommertag im Jahr 2011 ein Vorstellungsgespräch. Es geht um ein Magazin, für das ich Geschichten schreiben soll. Ein lukrativer Job, doch bevor es losgeht, will mich der Chef kennenlernen.

Magengrummeln vor wichtigen Terminen bin ich gewohnt, Katja steigt mal wieder mit ein, setzt sich neben mich in die Tram. Sie ist ungewohnt still, doch ihre pure Anwesenheit macht mich nervös. Ich versuche, das Magengrummeln zu ignorieren, konzentriere mich stattdessen auf meine Umgebung. Zwanzig Minuten später erreichen wir die Haltestelle, noch ein kurzer Fußweg, dann bin ich im Verlagsgebäude. Das Magengrummeln wird immer lauter. »Hau endlich ab«, zische ich Katja zu. Unbeeindruckt läuft sie neben mir her. Ich fange an zu schwitzen, mir ist schlecht. »Nicht schon wieder«, denke ich. Ich ignoriere meine Angst und meine Körpersymptome und gehe weiter.

Minuten später sitze ich am Empfang. Ich bin zu früh. Am liebsten möchte ich sofort wieder gehen. Mir ist unendlich schlecht. »Wo ist denn hier die Toilette?«, frage ich die nette blonde Empfangsdame.

»Einfach runter in den Keller.«

Ich hechte in Richtung Toilette, Sekunden später übergebe ich mich in die Kloschüssel. Katja schaut mir von hinten zu. »Na, geht's wieder?«, fragt sie.

»Ich weiß nicht«, murmle ich, als schon der nächste Schwall kommt. »O Gott, ist mir schlecht.«

»Lass es raus, Liebes.«

»Ich kann nicht, ich habe gleich einen wichtigen Termin.«

»Egal, dir ist doch schlecht.« Aufmunternde Worte sind nicht Katjas Stärke.

Wackelig gehe ich zum Waschbecken, klatsche mir Wasser ins Gesicht und gucke auf die Uhr. »Gott, sehe ich fertig aus.« Noch zehn Minuten bis zum Termin. Mir wird schon wieder schlecht. Ich erbreche mich, bis ich nichts mehr in meinem Magen habe. Die Übelkeit bleibt trotzdem. »Muss das wirklich sein?«, frage ich Katja, doch sie lacht nur hämisch.

»Ach, du kennst das Spiel doch.«

Blass und zittrig wanke ich zurück in den Empfangsraum, Katja hüpft neben mir her. »Schlecht, schlecht, schlecht. Dir ist so schlecht.«

Sie hat recht. Mir ist unfassbar schlecht. Das sage ich auch dem Verlagschef, der mich in Empfang nimmt. »Es tut mir leid, aber mir ist irgendwie ziemlich schlecht«, warne ich ihn vor.

Wenn ich eines in den vergangenen Jahren mit meiner Angsterkrankung gelernt habe, ist es, offen zu sein, das nimmt den Druck. Katja wird offenbart – und manchmal reicht das schon, um sie ihren Heimweg ohne mich antreten zu lassen. Doch diesmal bleibt sie. »Oje, Sie Arme. Ich hole Ihnen ein Glas Wasser«, sagt der Chefredakteur.

Ich bleibe bleich und zitternd zurück. »Himmel, was lege ich hier nur für eine Performance hin?«

Wie durch ein Wunder überstehe ich den Termin. Ich trinke eine ganze Flasche Wasser, während wir das Gespräch auf das Wichtigste verkürzen und uns versprechen, in Kontakt zu bleiben. Als ich das Gebäude verlasse, ist mir noch immer schlecht, mein Magen rebelliert weiter. Auf dem Weg zur Tramhaltestelle werde ich wütend. »Kannst du dich jetzt endlich verzupfen?« Katja schweigt. Müde und erschöpft steige ich in die Trambahn. An jeder Haltestelle überlege ich, ob ich nicht doch lieber aussteigen soll. Selbst zu Hause angekommen, wechsle ich weiter zwischen Badezimmer und Sofa.

Am nächsten Tag melde ich mich bei meiner Redaktion krank und gebe als Grund einen Magen-Darm-Infekt an. »Oh, du Arme, das haben hier einige, scheint in der Redaktion umgegangen zu sein.«

Kann es sein, dass ich gar keine Angst hatte? Ich vielleicht einfach krank war? Dass Katja nur die Chance genutzt hat, um auf die Krankheit aufzuspringen? Möglich wäre es.

20

Die U-Bahn ruckelt. Die alten Münchner U-Bahnen haben das so an sich. Ich stehe an der Tür, bin auf dem Weg in die Stadt. Zwei U-Bahn-Stationen sind es bis zum Ziel, hinsetzen lohnt sich nicht. Voll ist sie, die U-Bahn, denke ich noch, als es wieder ruckelt. Ein scharfes Bremsen, die U-Bahn steht. Im Tunnel.

Durchatmen. Es geht bestimmt gleich weiter, sage ich mir. Sofort meldet sich Katja. Als ob sie nur auf diesen Moment gewartet hätte. »O Mist, wir stehen im Tunnel. Ich glaube, dir sollte jetzt ziemlich schlecht werden, nicht?«, flüstert sie mir ins Ohr. Ich gucke mich nervös um. Die Menschen um mich herum starren aus dem Fenster, in ihr Smartphone oder einfach nur ins Leere. Ist das denn für niemanden außer für mich unangenehm? Ich atme tief ein. Es geht wirklich gleich weiter, wiederhole ich im Kopf.

Doch mir ist schlecht. Ich möchte hier raus, sofort. Meine Beine fangen an zu zittern, die Stimmen um mich herum werden lauter. Meine Anspannung steigt. Weiteratmen.

Um mich zu beruhigen, setze ich mich neben einen älteren Herrn auf einen der Kunstledersitze. »Hoffentlich geht es bald weiter«, sage ich mehr zu mir als zu ihm. Gespräche helfen mir, mich abzulenken. Hektisch krame ich in meiner Tasche, suche die Wasserflasche. Ein Schluck Wasser rinnt mir die trockene Kehle runter. Ein paar Sekunden der Ablenkung. »Ja, so ein Ärger. Ich hab's heut ausnahmsweise mal eilig – und man erfährt ja nie, was da schon wieder los ist«, schimpft er in den Waggon. Galt das nun mir? Meine Konzentration reicht kaum für ein Gespräch.

Während ich versuche, mich zu fokussieren, jagen mir tausend Gedanken durch den Kopf. Was, wenn mir noch schlechter wird? Was, wenn wir hier stundenlang eingesperrt sind? Was, wenn ich ausraste, weil ich rauswill? Was, wenn – die berühmte Frage, über die ich im Nachhinein immer lachen muss. Schließlich bin ich weder jemals in irgendeiner U-Bahn ausgerastet noch habe ich mich schon mal in einer übergeben. Alles Hypothesen, die mir Katja einflüstert, die aber von meiner Realität so weit entfernt sind, wie es nur geht. Trotzdem sind sie da, diese Ängste – und gefangen in dieser U-Bahn fühlen sie sich verdammt real an.

Ich atme tief ein und aus. Versuche, die Übelkeit wegzuatmen, mir kann doch nichts passieren. Augen zu und durch. Ab in die Konfrontation. »Was haben Sie denn vor?«, frage ich den älteren Mann, als eine Lautsprecherdurchsage das Gemurmel der Fahrgäste unterbricht.

»Servus, mir ham grad an Stau im Tunnel. Dauert noch a bisserl, bis es weitergeht.« Endlich. Eine Zeitangabe. »A bisserl« ist zwar nicht das, was ich mir gewünscht hätte, aber es ist eine Angabe. Ungewissheit ist in solchen Situationen für mich das Schlimmste. Deswegen sind Staus auf der Autobahn die Hölle für mich. Aber das ist ein anderes Thema.

»Ich habe einen wichtigen Arzttermin«, sagt der ältere Herr. »Und ich habe ewig darauf gewartet, Sie wissen ja, Fachärzte, da muss man immer etwas warten. Verpassen sollte ich ihn also nicht.« Ich nicke. Ruhig weiteratmen. Ich umklammere mein Handy so fest, dass die Knochen meiner Hand weiß durch die Haut schimmern. Noch habe ich niemandem von meiner Misere im U-Bahn-Tunnel über WhatsApp erzählt. Ich krieg das auch alleine hin.

»Und Sie, was treibt Sie in die Stadt?«, fragt mich der Herr. Ich bin erleichtert, es scheint, als hätte ich mich nicht allzu sehr aufgedrängt. Wir kommen ins Gespräch.

»Ich wollte eigentlich nur kurz bummeln.«

»Ah ja, wie die Frauen so sind, einfach mal kurz gucken«, lacht er auf. Ich lache mit. Nervös, aber es hilft. Auf eine Belehrung in Sachen Gender-Klischees verzichte ich. Ich bin gerade nur froh, dass ich abgelenkt werde. An Shoppen mag ich gar nicht denken. Tief durchatmen.

Just in dem Moment, in dem ich glaube, es geht etwas besser, tippt mir Katja auf die Schulter. »Du bist aber verdammt entspannt.« Ich zucke zusammen, sofort überrollt mich eine neue Welle der Übelkeit. Wann geht es endlich weiter? Ich habe Angst, es nicht mehr lange auszuhalten. Tief ein- und ausatmen. Immer wieder.

Da ruckelt es. Aus der Lautsprecheranlage erklingt ein fröhliches »Na also, jetzt geht's weiter.«

Ich atme aus. Die Erleichterung über die Weiterfahrt besiegt meine Angst sofort. Katja ist verschwunden. An der nächsten U-Bahn-Station muss ich raus. »Haben Sie noch einen schönen Tag«, rufe ich dem älteren Herrn zu, dann springe ich aus dem Waggon. Am Bahnsteig sortiere ich mich erst mal. Alles ist gut gegangen.

Hektisch tippe ich auf dem Weg nach oben eine WhatsApp an meine Schwester. »Stand im U-Bahn-Tunnel, Hölle. Aber hab's überlebt.«

21

Ich gehe in die Konfrontation, wann immer es möglich ist. Der Angst keine Macht mehr geben, ihr ins Gesicht schauen, die Zunge rausstrecken, und los. Das kostet Kraft und Energie, aber ich habe keine Wahl. Ich will Katja endlich loswerden. Sie aus meinem Leben kicken wie ein ungeliebtes Tinderdate. »Ghosten« nennt man das doch heutzutage.

Ich steige in U-Bahnen, S-Bahnen, Züge, ich nehme jeden Termin wahr, egal, wie ich mich fühle. An manchen Tagen bin ich abends so erschöpft, dass ich nur noch wie tot ins Bett falle. Doch ich weiß, heute hab ich's der Angst gezeigt.

Das Konfrontieren hilft. Meine Ängste schwinden, ich bin überzeugt, mir kann nichts passieren. Taucht Katja doch einmal in meinem Blickfeld auf, schiebe ich sie weg. »Hau ab«, schreie ich, so laut ich kann. Ich wechsle die U-Bahn-Waggons, breche jeden Kontakt zu ihr ab und schubse sie zur Seite. Ich will ein Leben ohne Angst führen, koste es, was es wolle.

Doch Katja lässt sich nicht so einfach abschütteln. Eine Zeit lang lebe ich immer wieder angstbefreit, aber ich kann die Uhr danach stellen, bis ich doch wieder etwas von ihr höre. »Na, wie geht's dir?«, flüstert sie dann in mein Ohr. Je öfter ich sie nicht beachte, ihr die kalte Schulter zeige, umso lauter wird sie.

Und es passiert noch etwas: Ich sehe sie, wenn sie eigentlich gar nicht da ist. Jede körperliche Reaktion lege ich nun als Angstreaktion aus. Mir wird schlecht, weil ich etwas Falsches gegessen habe, doch ich schließe von der Übelkeit sofort auf Katja und begebe mich automatisch in die Konfrontation. Also ignoriere ich, dass ich mich nicht wohlfühle, und breche trotzdem auf. Auch an jenem Tag des Vorstellungstermins hatte ich die Zeichen meines Körpers falsch gedeutet und mich vor die Tür gezwungen. Ich wollte Katja keine Chance geben, obwohl die in Wirklichkeit noch schlief.

Doch je öfter ich meinen Körper übergehe, umso mehr wächst die Angst. Meine Erwartungen, in schreckliche Situationen zu geraten, werden erfüllt – kein Wunder, wenn ich mich mit einem Magen-Darm-Infekt zu Terminen quäle. Ich werde in meiner Angst bestätigt, und der Kampf geht weiter.

Mit jeder Konfrontation verliere ich mehr das Gefühl für meinen Körper. Mit Ende zwanzig weiß ich nicht mehr, wann ich wirklich krank bin und wann es die Angst ist, die mir zu schaffen macht. Ich kann nicht mehr. Mein Körper ist müde vom ständigen Kämpfen. Er braucht Ruhe. Und obwohl es mir widerstrebt, ich ihm die Ruhe eigentlich nicht geben will, bleibt mir doch nichts anderes übrig: Katja zwingt mich dazu. Ich kapituliere.

2015 sitze ich bei meinem neuen Therapeuten, Peter Ibbetson*. Es ist mein vierter. Diesmal aber habe ich mich bewusst für eine Therapie entschieden, um noch mehr über mich und meine Angst zu lernen – in der Hoffnung, sie endlich ein für alle Mal loszuwerden. Statt zu einem Verhaltenstherapeuten gehe ich dieses Mal zu einem Psychoanalytiker. »Ich fühle mich nur noch erschöpft, ich kann einfach nicht mehr. Jeder Termin, jede Aufgabe ist zu viel. Wage ich es doch, kommt die Angst. Ich will einfach nur noch ausruhen.«

Anders als meine Therapeut*innen davor erkennt er den Ernst der Lage und verordnet mir erst mal eines: Ruhe. Keine Konfrontation, ich soll nur Dinge tun, die sich gut anfühlen. Ruhig eine Weile vermeiden, um von meinem enormen Stresslevel herunterzukommen.

---

* Name wurde geändert.

Die Konfrontation hat mir geholfen – kurzfristig. Langfristig muss ich die Angst aber auch an der Wurzel packen. Warum habe ich Angst? Was löst sie aus? Und wann darf ich ihr auch einfach mal nachgeben?

All diese Fragen lerne ich zu beantworten, ich lerne, auf mich zu hören und vor allem auch auf Katja. Denn eigentlich will sie mir die ganze Zeit nur eines mitteilen: »Pass auf dich auf.«

22

Zu fünft sitzen wir bei mir zu Hause um den runden Esstisch. Das Licht der Nachmittagssonne bricht sich in unseren Wassergläsern. Es ist Juni, wir schreiben das Jahr 2005. Das Abitur liegt hinter uns, eigentlich ein Grund zur Freude. Trotzdem sitze ich umringt von meinen Freundinnen wie ein Häufchen Elend da, schiebe mein Glas in meinen Händen hin und her und schluchze. »Toni, was ist denn los?«

Eine Woche Kroatien. Campingurlaub. Als Abschluss unserer Schulzeit Sonne, Strand, Meer und noch mal gemeinsam eine schöne Zeit haben. Das war der Plan.

Jetzt, einen Tag vor der Abreise, geht es mir schlecht. Ich werde von Angst gebeutelt, schlafe seit Tagen nicht mehr gut und weiß, ich kann diese Reise nicht antreten. Der schwerste Gang liegt jedoch noch vor mir: Ich muss die Wahrheit sagen. Alle Karten auf den Tisch legen und von meiner Angst berichten. Nicht nur, dass ich meine Freundinnen enttäuschen werde, ich muss auch eine Schwäche zugeben. Mit knapp neunzehn Jahren fühlt sich das an wie der Weltuntergang. Ich habe riesige Angst, abgelehnt, als verrückt abgestempelt zu werden.

»Ich kann nicht mitfahren, weil ich Angst habe.« Der erste Satz ist gesprochen. Das Lächeln auf den Gesichtern meiner Freundinnen verschwindet. Nach und nach erzähle ich von meinen Problemen, meinen Ängsten und von der Therapie, die ich mache. Die mir bislang sehr geholfen hat. Aber ein Urlaub alleine so weit weg – daran ist trotzdem nicht zu denken.

Die Reaktionen sind gemischt:

»Das habe ich dir nie angemerkt.«

»Um ehrlich zu sein, habe ich das fast schon erwartet.«

»Ich bin so froh, dass du endlich offen darüber sprichst.«
»Kann man dir irgendwie helfen?«
»Was müssten wir tun, damit du doch mitfährst?«
»Das tut mir so leid.«
»Kannst du es noch mehr erklären?«

Es fließen viele Tränen an jenem Tag, nicht nur bei mir, auch bei meinen Freundinnen. Sie sind traurig, dass sie die Reise ohne mich machen müssen, und auch ich bin enttäuscht, dass ich noch nicht bereit dafür bin. Gleichzeitig sind sie neugierig, stellen mir viele Fragen und verstehen endlich, warum ich so oft bei Unternehmungen fehle oder früher gehe. Meine Offenheit hat eine Tür aufgestoßen – für beide Seiten. Endlich kann ich ehrlich sein, zu mir und zu ihnen. Denn schon im Vorfeld hätte mir klar sein müssen, dass eine solche Herausforderung noch zu groß für mich ist. Doch der Wunsch war stärker, das Verstecken hinter der Fassade der Normalität in dem Moment wichtiger.

23

An jenem Tag beschließe ich, ab jetzt offen mit meiner Angsterkrankung umzugehen. Die ersten Jahre klappt das gut. Immer dann, wenn ich merke, ich gerate an meine Grenzen, lege ich die Karten auf den Tisch. Ich erzähle im Freundeskreis von meinen Ängsten, im Job und selbst beim Dating berichte ich irgendwann davon.

Die Reaktionen sind immer wieder positiv. Meine Ehrlichkeit lässt mich authentisch wirken und beeindruckt die Menschen. Oftmals ergibt sich sogar ein tieferes Gespräch daraus. Wer Schwäche zugibt, wirkt stark. Automatisch erlauben sich auch meine Mitmenschen, offen über ihre Schwächen zu sprechen. Das ist ein schönes Gefühl.

Die Angst betrachte ich dennoch weiterhin als einen Makel. Ich möchte nicht »die mit der Angsterkrankung« sein. Ich will nicht, dass nicht mehr mit mir geplant wird, ich immer die bin, auf die man sich bei Ausflügen nie hundertprozentig verlassen kann, und fürchte mich davor, weniger attraktiv zu erscheinen als gesunde – oder in meinen Worten – normale Menschen.

Doch als die Angst in meinen Zwanzigern immer weniger präsent ist, beginne ich, meine Erkrankung mehr und mehr zu vergessen. Sie rückt in den Hintergrund, ich denke nicht mehr an sie und spreche noch viel weniger darüber. Ich bin tough, cool und schlau, aber doch nicht jemand, der vor dem U-Bahn-Fahren Angst hat. Schnell rutsche ich zurück in mein altes Verdrängungsmuster, und ärgere mich heimlich darüber. Schließlich weiß ich, dass Offenheit hilft. Mir, meiner Seele, aber auch meinen Mitmenschen.

Erst mit Anfang dreißig, als die Angst sich mit voller Wucht zurückmeldet, ich ungebremst in eine Krise schlittere und Hilfe brauche, schwöre ich mir, nie mehr über meine Angst zu schweigen. Ich bin Antonia, Journalistin, Bloggerin, Schwester, Freundin, ich liebe Katzen, die Natur, Schnee und Sonne, ich lese gerne Bücher, mag es, laufen zu gehen, führe wahnsinnig gerne tiefsinnige Gespräche und habe keine Angst, vor Leuten zu reden. Ich gebe gern mein Wissen weiter, bin aufgeschlossen, empathisch sowie immer ehrlich und direkt. Ach ja, und ich habe vor absurden Dingen Angst. Das bin ich.

Es heißt, »ich habe Angst«, nicht, »die Angst hat mich«. Die Angst – meine liebe Katja – definiert mich nicht. Sie ist ein Teil von mir, aber sie wertet mich nicht ab. Im Gegenteil. Angst ist kein Defizit – ein Mantra, das ich verinnerlicht habe. Durch diverse Therapien, viele Gespräche und das Durchleben von dunklen und hellen Phasen in der Vergangenheit fühle ich mich inzwischen tief mit mir verbunden.

Und meine Erfahrungen zeigen mir immer wieder: Reden hilft. Es fördert das Verständnis und verschafft Erleichterung. Mir, aber auch anderen Betroffenen.

Seitdem ich wieder offen über meine Angst spreche, bekomme ich fast nur positive Rückmeldungen. Viele Menschen sind erleichtert zu sehen, dass Stärke und Schwäche sich nicht ausschließen. Dass es »ganz normale« Frauen und Männer gibt, die mit Herausforderungen zu kämpfen haben, die für Außenstehende nicht sichtbar sind, und die ihren Alltag trotzdem im Griff haben, die kraftvoll durchs Leben gehen.

Auch die Menschen in meinem Umfeld sind froh, dass ich endlich richtig ehrlich bin und ihnen damit eine Möglichkeit gebe, zu reagieren, vielleicht sogar zu helfen. Die Krankheit fordert mich immer wieder, aber sie bestimmt nicht mein ganzes Tun. In Phasen, in denen es mir schlecht geht, kann ich um Hilfe bitten, denn meine Freund*innen wissen alle Bescheid.

Bis heute fällt es mir schwer, Reisen zu planen. Die Angst davor, absagen zu müssen und somit in meinen Augen zu versagen, schwingt immer mit. Doch durch den offenen Umgang mit meiner Krankheit weiß mein Umfeld Bescheid. Sie wissen, dass es bis zuletzt sein kann, dass ich nicht mitkomme. Meine Familie und meine Freund*innen planen trotzdem mit mir. Sie sind an meiner Seite, reden mit mir und bieten jede Hilfe an. Selbst wenn es nicht klappt, sind sie nicht böse. Denn sie kennen den wahren Grund.

Das Schweigen über die Krankheit zu brechen macht verletzlich. Gleichzeitig verleiht es Stärke und nimmt dem Monster Angst die Macht.

24

Eine E-Mail poppt auf. Eine Einladung von meiner Redaktion zu einer Pressereise. »Liebe Antonia, wir dachten, das wäre was für dich.« Ich überfliege die Mail, und mit jedem Satz bricht mein Herz ein bisschen mehr. Ich habe die Chance, zu Dreharbeiten nach Myanmar zu fliegen. Eine Woche lang das Land kennenlernen und einen großen deutschen Fernsehsender bei der Arbeit an einer Doku begleiten. Ich liebe Fernseh- und Filmsets, ich liebe das Abenteuer und fremde Kulturen, und doch weiß ich, dass ich absagen muss.

Ich klappe meinen Laptop zu und lasse die E-Mail sacken. Ich freue mich über das Vertrauen der Redaktion, gleichzeitig bin ich traurig. Gedankenverloren blicke ich aus dem Fenster, ein Fünkchen Hoffnung flammt in mir auf. »Vielleicht, ja, vielleicht ginge es ja doch?«

Da klopft Katja lautstark ans Fenster. Ich zucke zusammen.

»Du spinnst ja wohl.«

Ich lasse sie rein, mit ihren hageren Gliedmaßen klettert sie über das Fensterbrett in mein Zimmer. »Mann, Mann, Mann. Auf was für Ideen kommst du bitte?«, meckert sie noch, bevor sie sich neben mich setzt.

»Myanmar! Dreharbeiten!«, werfe ich in den Raum, doch Katja schüttelt den Kopf.

»Ja, klingt spannend. Aber ich sag nur: fünfzehn Stunden Flug, fremde Menschen, fremdes Land. Und wir beide zusammen. Na, noch Lust?«

Ich weiß, dass sie recht hat. Fünfzehn Stunden Flug alleine kann ich mir einfach nicht vorstellen. Vielleicht würde ich es schaffen, aber Katja wäre wahrscheinlich die ganze Zeit neben mir, und das wiederum wäre der Horror. Auch das starre Programm auf einer solchen Pressereise ist vermutlich nichts für mich. Trotzdem schwanke ich. Dieses Angebot klingt einfach zu toll.

»Ich sag's dir: Wenn du da zusagst, mach ich dir die Wochen vor der Reise zur Hölle.«

Wütend springt Katja auf und verlässt den Raum.

Schweren Herzens sage ich einen Tag später die Reise ab. »Ich habe leider keine Zeit.« Die Redaktion ist verwundert, eine solche Chance lassen sich die wenigsten entgehen, doch sie nimmt es hin.

Ich weiß, dass es die richtige Entscheidung war. Nach einer Zusage hätte ich mit jedem Tag, den die Reise näherrückt, mehr mit der Angst zu kämpfen gehabt. Am Tag der Abreise hätte ich es wahrscheinlich nicht geschafft, zum Flughafen zu fahren, und damit alle Beteiligten enttäuscht.

Gleichzeitig weiß ich: Hätte nur eine kleine Chance bestanden, dass ich diese Reise schaffe, hätte ich sie gemacht. Aber manchmal muss man eben ehrlich zu sich sein.

Auch in den nächsten Jahren muss ich immer wieder großartige Reisen absagen. Gelegenheiten, von denen die meisten Menschen träumen, lasse ich verstreichen oder gebe anderen die Möglichkeit, diese Erfahrungen zu machen. Ich freue mich für sie und bin gleichzeitig ein bisschen traurig, dass ich nicht dabei sein kann.

An manchen Tagen würde ich alles dafür geben, um frei durch die Welt reisen zu können. Aber noch ist Katja zu stark und bin ich zu schwach. Aber wer weiß: Alles kann sich ändern.

25

Reisen bleibt ein schwieriges Thema. Ich bin die mit dem perfekten ökologischen Fußabdruck, die nie den Kontinent verlässt. Während meine Freund*innen bei jeder Reise vor Vorfreude platzen, bleibe ich verhalten. Horrorszenarien von einer angstgeplagten Antonia drängen sich in meinem Kopf, die Vorstellung, stundenlang im Stau zu stehen oder nicht einfach so aussteigen zu können, wann es mir passt, macht die winzige Reisevorfreude sofort zunichte. Reisen ist für mich vor allem eines: Stress. Sosehr ich mir sage, dass niemand je länger als einen Tag in einem Stau festsaß und ich selbst mich noch nie mit Beruhigungstabletten vollpumpen musste, um irgendwohin reisen zu können, Katja hat trotzdem immer die Nase vorn.

Reisen ist anstrengend für mich, trotzdem tue ich es hin und wieder. Ich werde nie die Person sein, die freudestrahlend einen Langstreckenflug antritt. Ich bleibe – und das ist ja glücklicherweise aus Klimaschutzgründen heute vertretbar – lieber auf meinem Kontinent und genieße die Schönheit Europas. Ich muss nicht wie viele mit einem Rucksack durch Südostasien reisen, um mich vollständig zu fühlen. Ich weiß, ich könnte es, selbst mit Katja im Gepäck. Doch die Konsequenz wären tagelange Sorgen im Vorfeld, angespannte Stunden während des Flugs und nur wenige Momente der Freude und Entspannung bis zum Tag des Heimflugs.

Wie meinte einst einer meiner Therapeuten zu mir: »Fliegen Sie doch einfach nach Los Angeles, entweder Sie überleben es oder Sie kommen im Sarg zurück.« Er hatte recht. Einfach machen, weniger nachdenken. Doch zu welchem Preis?

Können heißt eben nicht müssen. Mein Seelenfrieden ist mir

wichtiger als die Erfahrung, durch einen Dschungel zu laufen oder durch Los Angeles zu flanieren.

Über die Jahre habe ich gelernt, dass ich eben anders reisen muss, damit Katja mich in Ruhe lässt und ich die Tage abseits des Alltags genießen kann. Das bedeutet für mich, langsamer zu reisen als andere, mir die Zeit zu nehmen, mich zu akklimatisieren. Das Verreisen mit dem Auto hilft mir, weil ich die Möglichkeit habe, jederzeit anzuhalten, und mich in meinem Tempo an die neuen Eindrücke und Orte gewöhnen kann. Angekommen, gebe ich mir die Gelegenheit, mich auf die neue Situation einzulassen. Wenig Programm, dafür viel Raum für alle meine Gefühle und spontanen Ideen. Meine Seele braucht eben ein bisschen länger als andere.

»Aber du verpasst so viel Schönes auf der Welt!«, ist ein Argument, das ich oft zu hören bekomme. Das stimmt. Trotzdem glaube ich, dass nicht jede*r von uns durch die Welt reisen muss, um Weisheit und Klarheit zu erlangen. Menschen sind unterschiedlich, und in mir schlummerte noch nie das besagte Wanderlust-Gen. Ich lese viel, bilde mich weiter und wage es zu behaupten, einen ähnlichen, vielleicht anders geprägten Weitblick zu haben als Menschen, die viel gereist sind. Auch Goethe reiste nur langsam mit der Kutsche durch Europa und nahm sich Zeit, all jene Reiseeindrücke zu verarbeiten. Keine*r von uns würde wohl die Klugheit des großen Dichters anzweifeln, oder?

Ich argumentiere gern mit folgendem Zitat des Philosophen Alain de Botton: »Reisen garantiert keine innere Wandlung, und ich denke, das ist eins der Paradoxe des Reisens. Mitunter trifft man Menschen, die nicht viel gereist sind, aber was sie dabei gesehen haben, hat sie sehr verändert. Im Gegensatz dazu gibt es weit gereiste Menschen, die in ihren Beobachtungen fremder Orte und Menschen völlig banal sind.«

Wir Menschen sind unterschiedlich. Manche von uns brauchen den Reiz von außen, um neue Ideen und Inspirationen zu sammeln, andere wiederum schöpfen Inspiration aus ihrem Inneren. Meine Stärke liegt nicht im permanenten Ortswechsel, sondern im Wissen um innere Ruhe.

Trotzdem gibt es Tage, an denen ich Katja verfluche. Wie der, an dem ich schweren Herzens entschied, nicht nach Myanmar zu reisen. Dann, wenn eine große Reisechance auf mich wartet und ich sie absagen muss, weil ich weiß, dass eine Pressereise, die von morgens bis abends durchgeplant ist, das Letzte ist, was ich mit Katja im Gepäck meistern kann. Da muss ich ehrlich zu mir sein, sosehr mein Herz bei dem Gedanken schmerzt, nicht die schönsten Ecken dieser Welt sehen zu können.

Aber es gibt auch Momente, die mich hoffen lassen, dass Katja und ich irgendwann vielleicht doch noch ein, zwei Ziele in der weiten Welt ansteuern werden. Denn ist die Sehnsucht groß genug, kann ich Katja auch mal austricksen.

So standen Island und das Beobachten von Walen schon immer auf meiner Wunschliste. Als ich 2016 wirklich mit meiner Familie in den Flieger stieg, konnte ich es kaum glauben. Auch wenn mich die vier Stunden Flug an meine Grenzen brachten, hat es sich gelohnt. Ich sah Wale, eine atemberaubende Landschaft und genoss die meiste Zeit der Reise. Katja war zwar mitgeflogen, aber offensichtlich ob der Schönheit dieses Landes irgendwann verstummt.

26

Es ist laut, die Sonne brennt auf unsere Köpfe herab, ich spüre Körper an meinem und die Hand, die mich immer tiefer ins Gewühl zerrt. »Reicht es nicht langsam?«, frage ich meinen damaligen Freund, doch er hört mich nicht. Die Band hat bereits angefangen zu spielen, er möchte so weit wie möglich nach vorne. Ich spüre den Bass in meinem Körper, die Menschen um mich herum wippen, Bier wird verschüttet.

Das Festival war seine Idee, ich mag Musik, bin aber – wen wundert es – kein Freund von Menschenmassen, Lautstärke und öffentlichen Dixiklos. Ihm zuliebe habe ich trotzdem zugestimmt. In meiner Vorstellung haben wir uns ein gemütliches Plätzchen vor der Bühne gesucht, im Gras gesessen und der Musik gelauscht. Dass ich mich mitten im Gewühl befinden würde, war nicht geplant.

Mein Freund weiß von meiner Erkrankung, doch die Liebe zur Musik ist gerade stärker. »Komm, noch ein Stück«, ruft er mir zu. Ich packe seine Hand fester und bete im Stillen, dass wir einfach endlich einen Platz finden. Drei Meter vor der Bühne stoppt er. »Weiter geht's wohl nicht mehr.« Ich nicke, blicke mich nervös um. Wir sind umringt von Musikfans, Betrunkenen und Menschen, die voller Freude ihre Hände hochreißen. Die Band ist gut, ich mag die Musik, doch es fällt mir schwer, die Situation zu genießen. Ich atme tief ein und konzentriere mich auf die Bühne. Ich zähle die Schritte, die der Sänger von links nach rechts macht, ich beobachte den Drummer und auch den Bassisten. Mein Freund strahlt, seine Lieblingsband spielt, und er ist mittendrin.

Plötzlich werde ich mit voller Wucht zur Seite gestoßen. Eine

Gruppe neben mir hat angefangen zu hüpfen und zu pogen, völlig übermütig scheinen sie alles um sich herum zu vergessen. Mich katapultiert der Schubser zurück in die Realität. »Können wir vielleicht doch ein bisschen an den Rand gehen?«, frage ich meinen Freund.

»Nein, es ist grad so super.«

Ich blicke auf die Menschenmasse, als ich in einiger Entfernung Katja sehe. Sie kämpft sich langsam zu uns durch. Mir wird heiß, sie darf jetzt wirklich nicht kommen. Ich versuche es noch mal. »Es wäre wirklich cool, wenn wir vielleicht aus dem Gemenge Richtung Rand gehen könnten. Das ist mir gerade irgendwie zu viel.«

Mein Freund atmet tief und laut hörbar ein. Er ist genervt. »Warum denn?«

»Weil mir leicht schlecht ist und mir diese Menschenmasse gerade nicht guttut.«

»O Mann, muss das jetzt sein?«

»Ich kann doch nichts dafür.«

»Dann geh alleine, ich bleibe auf jeden Fall hier.«

Das hat er jetzt nicht wirklich gesagt. Übelkeit steigt in mir auf, aus dem Augenwinkel sehe ich, wie Katja sich heranschleicht, nur noch ein paar Menschen stehen zwischen uns. »Warum können wir denn nicht einfach gemeinsam an den Rand gehen? Du weißt doch, wie schwierig es für mich ist, alleine zu sein, wenn ich gerade Angst habe.«

»Das musst du aushalten können.« Wow. Plötzlich fühle ich mich meinem Freund fremd, weil er sich benimmt, als hätte er noch nie von meiner Erkrankung gehört. Die Diskussion mit ihm macht die Situation nur noch schlimmer. Sobald die Angst mich erfasst, tue ich mich schwer, sie wieder einzufangen, daran arbeite ich gerade in der Therapie, aber all das weiß er. »Ich will jetzt einfach die Band hören, was mit dir ist, ist mir egal.«

Ich schlucke. Katja klopft mir auf die Schulter, das ist der

Moment, in dem ich anfange zu weinen. Mein Freund blickt wütend auf die Bühne, mir laufen die Tränen herunter, und eine fremde Person neben mir fragt mich, ob alles okay ist. Ich nicke stumm. »Ich gehe jetzt«, sage ich, dann kämpfe ich mich durch das Gewühl zurück nach draußen.

Am Rand lasse ich mich ins schattige Gras plumpsen. Vor mir tobt die Menge, die Menschen neben mir lachen, singen laut mit. Ich hingegen zittere vor Angst und Wut und fühle mich verloren. »Wie kann er mich einfach allein lassen?«, denke ich. Die tanzenden Menschen verschwimmen vor meinen Augen, die sich erneut mit Tränen füllen, der Bass des Konzerts bebt in mir. Die Lautstärke, der Trubel, ich möchte am liebsten weg, irgendwohin, wo es ruhig ist, ich wieder tief ein- und ausatmen kann. Ängstlich umklammere ich mein Handy, ich schlucke schwer und wische mir die wütenden Tränen aus dem Gesicht. Als mir auch noch Currywurstgeruch entgegenweht, rebelliert mein Magen. Zeit für Katjas Auftritt, auch sie hat sich aus der Menge zu mir durchgekämpft und lässt sich neben mir auf den Boden ins Gras fallen. »Na, wie kommst du klar?«

»Geht schon«, antworte ich. Ich bin so wütend, dass die Angst gerade kaum Platz hat. Ich verstehe meinen Freund, er liebt die Band, aber er liebt doch auch mich, oder? Er weiß von meiner Erkrankung, er weiß, wie schwierig dieser Tag sowieso schon für mich ist, und lässt mich trotzdem so im Stich. Gleichzeitig weiß ich, wie anstrengend unsere Beziehung für ihn sein muss. Mit mir an seiner Seite wird er vielleicht nie so frei sein wie mit anderen.

»Du bist an allem schuld«, schreie ich Katja an. »Ich gebe mein Bestes, und trotzdem klappt es nicht.«

»Na ja, so würde ich das jetzt nicht sagen«, erwidert Katja. »Ich gehöre halt zu dir, und ich finde, dein Freund könnte ruhig auch ein bisschen verständnisvoller sein.« Ich nicke. Irgendwie hat sie recht. Ich mache das nicht mit Absicht. Ich bemühe mich, eine coole, entspannte Freundin zu sein, aber es klappt eben nicht immer. Ein »Reiß dich zusammen« hilft da nicht. Ein »Dann probieren wir es halt immer wieder« schon eher.

Der Auftritt der Band ist vorbei. Die Menschenmasse löst sich auf. Mein Freund kommt mir wenig später entgegen. Verschwitzt und glücklich. »Mann, war das super.« Ich freue mich für ihn. Doch ich bin auch enttäuscht. »Schau, hast es doch überlebt.«

Ich nicke. Stimmt, ich habe es überlebt. »Ja, aber es war verdammt schwierig. Ich dachte, ich kann auf dich zählen. Dass wir bei Angst nicht diskutieren, sondern gemeinsam gucken, was eine Lösung für uns sein könnte.«

»Ich wollte aber die Band sehen.«

Ich nicke wieder. Ich habe keine Lust auf weitere Diskussionen.

27

In guten wie in schlechten Zeiten schwören sich die Paare am Traualtar. Sich zu stützen, wenn eine*r krank wird oder eine schlechte Phase durchlebt. Wenn finanzielle Schwierigkeiten auftreten, eine*r einen tragischen Verlust erleidet oder die Pflege und Unterstützung des anderen braucht. Doch sind seelische Erkrankungen hier auch mit eingeschlossen? Wo fängt die Liebe an – und wo hört sie auf?

In Zeiten von Perfektionierungswahn und Tinder scheint es fast unmöglich, offen zu gestehen, dass man vielleicht nicht ganz frei von Fehlern ist. Dass man quasi eine Art Mängelexemplar ist, das nicht alles kommentarlos mitmacht, sondern sogar hin und wieder Hilfe braucht.

Aber ist es nicht gerade ein Zeichen von Stärke, seine Schwächen zu kennen, an ihnen zu arbeiten und zu lernen, mit ihnen umzugehen? Sich trotzdem raus ins Leben zu wagen und zu wissen, ich bin liebenswert – nicht trotz, sondern vor allem auch wegen meiner Schwäche?

Wissend, dass die Angsterkrankung ein Teil von mir ist, mich aber keineswegs ausmacht, dass ich viel mehr Facetten habe, dass ich gerade auch dank der Angsterkrankung viel über mich und das Leben an sich gelernt habe, mache ich das einzig Richtige: Ich gehe offen mit ihr um.

Sicher, die Angsterkrankung ist kein Thema, das man beim ersten Date anspricht, aber je tiefer die Gespräche, je ernster die Bindung, umso mehr gebe ich gewöhnlich auch von mir und Katja preis.

Kleiner Spoiler: Bisher rannte keiner der Männer schreiend davon. Und wenn, wäre ich froh gewesen, denjenigen, der so wenig für Offenheit und Fehlbarkeit übrighat, schnell wieder los zu sein.

Mein Geständnis führt normalerweise zu allerlei Fragen, Neugierde und Verständnis. Nicht selten auch zu eigenen Bekenntnissen, denn jede*r von uns hat sein Päckchen zu tragen. Nicht jede*n hält dieses Päckchen davon ab, die Welt zu bereisen, aber tief drin kennen doch die meisten von uns das Gefühl, eine Sache schlechter zu können als die anderen.

Ist der erste Schritt getan, liegt trotzdem noch viel Arbeit vor mir, denn nun muss ich eine Vertrauensbasis zu meinem Gegenüber aufbauen. Nur mit Menschen an meiner Seite, denen ich zu hundert Prozent vertraue, wage ich mich in Angstsituationen, weil ich mich darauf verlassen kann, dass sie meine Ängste nicht infrage stellen, sondern diese und mich ernst nehmen, in der Situation bei mir bleiben und mir Sicherheit geben.

Doch Vertrauen muss – gerade in Liebesbeziehungen – erst wachsen. Gleichzeitig ist es für Außenstehende natürlich oft nicht leicht, Alltagsängste wie meine zu verstehen. Vor allem dann nicht, wenn sie ihnen selbst so fremd sind. »Das ist doch wirklich nicht schlimm«, ist ein Satz, den ich oft gehört habe. So rational ich das weiß, so irrational reagieren mein Körper und Geist. In Angstsituationen, in denen dieser Satz fällt, passiert deshalb nur eines: Das Vertrauen ist futsch, und Katja hat freie Bahn. So wie auf dem Musikfestival.

»Aber du kannst dich doch auch mal zusammenreißen.« Ja, das kann ich. Und das mache ich so oft. Im Arbeitsumfeld, bei Bekannten, bei fremden Menschen. Bin ich aber umgeben von Menschen, die ich liebe, möchte ich endlich einfach nur ich selbst sein können. Auch wenn das bedeutet, dass ich mich zwar auf manche Situationen einlasse, aber mich nicht durchprügele und überfordere. Dass ich auf die Angst höre und in mich hineinhorche. Dass ich auch mal schwach bin und mich der belastenden Situation entziehe.

In der Realität sieht das so aus: Im Kreis meiner Liebsten wage ich mich erst mal in jede angstbesetzte Situation. Ich weiß, ich bin nicht allein, und das reicht schon, um mich mutiger werden zu lassen. Wenn ich jedoch merke, dass es mich überfordert, bin ich darauf angewiesen, dass wir den Versuch gemeinsam abbrechen. Wir tief durchatmen und es nach einer kleinen Pause erneut versuchen oder eine Zwischenlösung finden, die die Angst kleiner werden lässt.

Diskussionen, Vorwürfe und Zweifel machen die Situation für mich jedes Mal nur schlimmer. Zweifel an meinen Ängsten, Vorwürfe wegen meines Versagens und Diskussionen, warum das alles jetzt so schlimm ist. Natürlich weiß ich, wie schwer es sein muss, dieses »Problem« zu verstehen, wenn man es selbst so gar nicht kennt. Also versuche ich, den Menschen in meinem Umfeld meine Angst so gut es geht im Vorfeld zu erklären. In einer akuten Angstsituation jedoch brauche ich Unterstützung und keine langen Debatten.

Denn Vorwürfe mache ich mir selbst sowieso schon ausreichend. Diskussionen führe ich – bis ich klar sage, dass ich gerade aus der angstbesetzten Situation raus möchte – zur Genüge mit Katja, und natürlich hinterfrage ich meine Angst auch immer wieder. Äußere ich sie offen, ist die Lage bereits schlimm genug, das kann ich versprechen. Es ist keine Laune, kein »Ich will jetzt lieber doch nicht« oder »Ach, anders wäre es einfacher«, sondern echte Not.

Wer mich liebt und gut kennt, versteht das. In guten wie in schlechten Zeiten eben. Das klingt anstrengend, aber ich möchte authentisch und ehrlich sein, gerade bei den Menschen, die mir nahestehen. Genauso bin ich auch für sie da, stütze sie in ihren Lebenskrisen und bei Krankheiten und weiche nicht von ihrer Seite.

Der positive Nebeneffekt: Jede gute Erfahrung, das Wissen, dass ich mich auf eine Person zu hundert Prozent verlassen kann, lässt mich auch mutiger werden. Lässt mein Vertrauen wachsen und Katja weichen.

Ich gehe jeden Tag alleine mit Katja durch die Welt. Menschen an der Seite zu haben, die diesen Weg mit mir gehen, ist das größte Geschenk. Wer das nicht möchte, darf sich natürlich genauso gut dagegen entscheiden. Dann sind unsere Wege nicht dieselben. Das ist in Ordnung. Aber ich wünsche jedem von ihnen Begleiter*innen an die Seite, die sie so lieben, dass sie sie auch in Momenten der Schwäche stützen.

Nach dem Musikfestival schleppe ich meinen damaligen Freund übrigens mit zur Therapie. Es hilft, die Ängste von dritter Seite erklärt und veranschaulicht zu bekommen. Auch sehe ich ein, dass ich manchmal unfair war, zu viel erwartet habe. Unser Verständnis füreinander wächst, gemeinsam geht es für uns auf kleine Reisen und viele Ausflüge. Wir sind danach noch einige Jahre zusammen, bis die Beziehung scheitert – und zwar an ganz normalen zwischenmenschlichen Problemen.

28

»Ich verstehe wirklich nicht, warum du davor Angst hast.«

Ich zwinge mich, nicht die Augen zu verdrehen, sondern liebevoll zu nicken. »Ich weiß«, sage ich zu meiner Freundin. »Ich verstehe es ja auch nicht«, füge ich noch hinzu.

Wir führen diese Diskussion gefühlt zum zehnten Mal. Sie möchte mich überreden, mit ihr nach New York zu fliegen. Ich sage ihr zum zehnten Mal, dass das momentan für mich nicht möglich ist, so gern ich es auch machen würde. Ich bin ehrlich zu mir und zu ihr. Als Alternative schlage ich ein Wellnesswochenende vor. Doch sie will nach New York.

»Vielleicht solltest du mit jemand anderem fliegen«, sage ich mit genervtem Unterton. Ich gönne ihr diese Reise, ich wünsche mir, dass sie die schönste Zeit in New York City hat, aber ich habe keine Kraft mehr, meine Ängste zu erklären, wenn sie es doch wieder nicht versteht.

»Ja, aber ich will mit *dir* nach New York.« Wir drehen uns im Kreis.

Ängste zu verstehen, gerade wenn es um etwas so Alltägliches und Schönes wie das Reisen geht, ist schwer. Deshalb versuche ich, sie so offen wie möglich zu schildern, zu erklären, dass die Vernunft hier leider Pause macht und die Emotionen sowie der Körper übernehmen. Ich bin ja nicht blöd. Ich weiß, dass mir beim U-Bahn-Fahren und Fliegen rein gar nichts passieren kann. Trotzdem – und das ist das Gemeine an der Angststörung – reagiert mein Körper mit Übelkeit und Panik. Und, Himmel, ich würde mir wünschen, es wäre so einfach, die Vernunft anzuknipsen und die Ängste abzuschütteln.

Doch wie können sich Freund*innen und Bekannte verhalten, die sich schwertun, die Ängste zu begreifen und meine Lage zu verstehen?

In erster Linie zuhören. Mir glauben und meine Ängste und mich ernst nehmen. Und Sätze wie die folgenden vermeiden:

»Reiß dich doch einfach zusammen.«

Jede*r, der oder die an einer Angsterkrankung leidet, ist Meister*in im Zusammenreißen. Wir schweben oft zwischen »alles ist gut« und »ich habe Angst, dass ich gleich Angst bekomme«. Um diese Gefühle in Schach zu halten, hilft vor allem eines: sich eben zusammenzureißen, durch die Situation zu gehen und zu lernen, dass es doch nicht so schlimm war, wie der Kopf und der Körper uns weismachen wollten. Wenn wir also sagen, wir können das nicht, können wir es wirklich nicht, dann hat das Zusammenreißen dieses Mal nicht geklappt oder nicht gereicht.

Besser wäre: »Wie kann ich dir helfen, dass es klappt?«

»Ist doch nicht so schlimm.«

Auch ein Satz, der mir in einer Angstsituation wenig hilft. Denn das weiß ich rational auch und bete es mir häufig mantraartig vor. Aber wer einmal Angstgefühle oder vielleicht sogar eine Panikattacke hatte, wird mir zustimmen: Das ist verdammt noch mal richtig schlimm. Ängste sind unangenehme Gefühle, vor allem, wenn sie in Situationen auftauchen, die gar nicht für Angst sorgen sollten. Während alle um einen herum keine Angst haben, normal oder zumindest angstfrei leben, fühlt man sich selbst einfach nur schrecklich. Nicht nur in der direkten Situation, sondern auch in der eigenen Wahrnehmung, denn man hat das Gefühl, der oder die größte Versager*in zu sein.

Besser wäre: »Es fällt mir schwer, die Angst nachzuvollziehen, aber ich kann mir vorstellen, dass es schwierig ist.«

»Davor muss man wirklich keine Angst haben.«

Auch dieser Satz beweist, wie schwer es für Außenstehende ist, sich in Angstpatient*innen hineinzuversetzen. Denn dass meine Angst nicht rational zu begreifen ist, weiß ich. Und trotzdem habe ich Angst. Ich wünschte, es wäre anders. Aber danke für den liebevollen Reminder.

Besser wäre: »Du brauchst keine Angst zu haben, ich bin an deiner Seite. Wenn du doch Angst hast, finden wir eine Lösung.«

»Ich rechne nicht mehr mit dir. Du sagst ja eh ab.«

Vielleicht der schlimmste Satz. Der Satz, der offenbart, dass man die Menschen, die einem wichtig sind, enttäuscht. Dass sie keine Lust mehr haben, mit einem zu planen, und sich lieber auf andere konzentrieren, die besser »funktionieren« und somit verlässlicher sind als man selbst.

Es ist nicht so, dass ich es nicht verstehen könnte. Aber es gibt eben gute wie schlechte Tage. Habe ich viel Stress, muss ich mit meinen Kräften haushalten und kümmere mich erst mal nur um mich. Selbstfürsorge steht für mich an erster Stelle, was egoistisch erscheinen mag, aber nur dazu dient, dass ich mich nicht überfordere und meine Ängste das Zepter übernehmen. Wer krank ist, muss sich eben auch schonen – und das gilt nicht nur für körperlich Erkrankte.

Egal welche Krise Menschen durchmachen, das Wichtigste ist, dass sie jemanden an ihrer Seite haben, der sie nicht aufgibt, der sie immer wieder fragt, ob sie mitkommen wollen, der ihnen und ihrer Angst immer neue Chancen gibt. Egal wie oft es Absagen hagelt. Angstpatient*innen müssen für sich sorgen können, ohne dass sie damit gleich ihre Freundschaften riskieren oder verlieren.

Besser wäre: »Wenn es dir heute zu stressig ist, schlag gerne was anderes vor«, »Ich frage dich einfach das nächste Mal wieder«, »Wenn es diesmal nicht klappt, ist es nicht schlimm. Wir finden auch einen anderen Termin« oder »Was würde dir helfen, damit es doch klappt?«

Natürlich ist es frustrierend, wenn die geplante Reise oder der Ausflug nicht klappt, weil ich absagen muss oder auf halber Strecke merke: »Leute, das ist mir doch zu viel.« Unsicherheit ist mein zweiter Vorname, und das macht es schwer, langfristig Pläne mit mir zu schmieden. Ich hasse es, meine Freund*innen zu enttäuschen, und doch passiert es immer wieder. Auch für sie ist es nicht leicht, sie fühlen sich hilflos und wünschten, sie könnten mir nur ein wenig meiner Angst nehmen. Dass sie mir trotzdem immer wieder die Chance geben, mit ihnen zu verreisen, Ausflüge zu machen und Neues auszuprobieren, rechne ich ihnen hoch an.

Dass das funktioniert, liegt auch daran, dass wir anders planen. Wir suchen Lösungen für alle Eventualitäten. Überlegen, wie eine Reise aussehen muss, bei der mein kurzfristiger Exit nicht auch das Ende für die anderen bedeutet. Wie wir es schaffen, die Angst nicht mit in den Koffer zu packen, und Möglichkeiten finden, die mir helfen und die anderen nicht in ihrer Vorfreude einbremsen. Wie wir gemeinsam gut bewaffnet in den Kampf gegen Katja ziehen können und keine*r von uns als Verlierer daraus hervorgeht.

Meine Freund*innen sind an meiner Seite, und das hilft. Auch wenn sie die Angst nicht immer verstehen, geben sie mir meinen Raum und meine Zeit. Sie wissen, dass vieles, woran mich die Angststörung hindert, nichts mit ihnen zu tun hat, dass es nicht mein Fehler ist oder eine bewusste Entscheidung, die gegen sie persönlich gerichtet ist. Die Welt ist nicht schwarzweiß, sondern glücklicherweise wunderbar grau. Wenn die Reise nicht klappt, gibt es Alternativen. Wir müssen nur offen dafür sein, hin und wieder vom festen Plan abzuweichen, gemeinsam neue Wege zu beschreiten und vielleicht auch mal rückwärts wieder aus dem Flieger zu steigen, weil Katja doch zu laut geschrien hat. Dafür funktioniert es dann beim nächsten Mal.

Genauso gebe ich ihrer Wut, Frustration oder Enttäuschung Raum, wenn ich wieder einmal ein Vorhaben platzen lassen muss. Einander zuhören, gegenseitig füreinander da sein, Verständnis aufbringen und immer ehrlich mit sich und seinen Mitmenschen sein – das ist Freundschaft.

29

Noch schwieriger ist es im Beruf. Als selbstständige Journalistin will ich funktionieren. Ich möchte die starke, toughe Geschäftsfrau sein, die ihr Leben im Griff hat.

Schließen sich Angst und Erfolg aus? Nein! Im Gegenteil. Angst (und andere seelische Erkrankungen) machen auch vor Manager*innen, Schauspieler*innen, Politiker*innen oder Profisportler*innen nicht halt. Manchmal ist es sogar erst der Leistungsdruck, der auf der erklommenen Karrierestufe herrscht, der dafür sorgt, dass psychische Störungen auftreten. Warum es vielen immer noch schwerfällt zu glauben, dass Menschen gleichzeitig stark und schwach, souverän und unsicher, fröhlich und verängstigt sein können, liegt einzig daran, dass immer noch viel zu wenig darüber gesprochen wird.

Ich wünschte, mehr Menschen, die mit beiden Beinen fest im Leben stehen und trotzdem hin und wieder mit ihren ganz eigenen Herausforderungen zu kämpfen haben, würden das thematisieren. Dann wären die Probleme nicht mehr so unsichtbar – und die Betroffenen würden sich weniger allein fühlen.

Wie schwer es ist, im beruflichen Umfeld offen über eine unsichtbare Krankheit zu sprechen, weiß ich jedoch selbst. Ich kenne meine Grenzen und achte sehr auf mich. Nichtsdestotrotz gab es in all den Jahren meiner Selbstständigkeit immer wieder Phasen, in denen es mir schwerfiel, berufliche Termine wahrzunehmen. Dann habe ich mich häufig entschieden, eine Ausrede zu benutzen, um mein Fernbleiben zu erklären. Ich habe nicht die Wahrheit gesagt und die wirklichen Gründe, meine Krankheit, verheimlicht. Denn seelische Erkrankungen sind bis heute in unserer Gesellschaft stigmatisiert. Meine größte Sorge war es, nicht mehr als Journalistin, sondern als die, die krank ist, gesehen zu werden. Eine Sorge, die sich – bei all den Gelegenheiten, bei denen ich dann doch über meine Krankheit sprach – nur ein einziges Mal als begründet herausstellte.

In einer Phase, in der ich mich in einem permanenten Stressstrudel befand, musste ich einen Job aufgeben, an dem mein Herz bis dahin sehr hing. Mehrfach hatte ich mit meinen Auftraggebern gesprochen und darum gebeten, meinen Workload zu verringern, da ich befürchtete, sonst direkt in ein Burn-out zu schlittern. Ich stieß auf taube Ohren.

Als mein Körper dann so richtig ausgelaugt war, übernahm Katja das Ruder. Sie verhinderte, dass ich auch nur einen Arbeitsschritt mehr machen konnte. Auf dem Weg zum Job wurde mir in der U-Bahn so schlecht, dass ich umkehren musste. Also versuchte ich es mit dem Auto. Mit Tränen in den Augen fuhr ich ein Stück Richtung Arbeit, musste kurz darauf aber anhalten, weil die Panik mir die Luft abschnürte. »Wir gehen da nicht mehr hin«, teilte mir Katja auf dem Beifahrersitz mit.

»Aber ich muss.«

»Du musst gar nichts, außer ausruhen. Du bist überarbeitet, und da du das selbst anscheinend überhaupt nicht begreifst, regele ich das jetzt für dich.«

»Das geht nicht. Wirklich nicht. Die bringen mich um.«

»Versuch's, fahr hin, aber du wirst eh umkippen und nur in der Toilette sitzen und dich erbrechen.«

Leer und müde blickte ich mit meinen verquollenen Augen durch die Windschutzscheibe. Ich wusste, dass sie recht hatte. Sie wollte mich nicht ärgern, sondern schützen. Ich konnte nicht mehr.

Wenige Tage später suchte ich erneut das Gespräch, doch

mein Anliegen, meine Erschöpfung sowie meine Angst wurden nicht ernst genommen. Man fühlte sich von mir im Stich gelassen. Ich funktionierte nicht – und wurde ausgemustert.

Eine harte Erfahrung, aber eine, die mich in meinem Entschluss bestärkte, in Zukunft offen mit meinem Problem umzugehen.

In unserer Leistungsgesellschaft geht es oft ums Funktionieren. Darum, dass wir nicht ausfallen, Leistung erbringen und keine Belastung sind. Doch wir sind Menschen – und niemand von uns ist 24/7 stark.

Das Bild der souveränen Journalistin aufrechtzuerhalten ist nicht immer einfach. Denn natürlich gibt es in meiner beruflichen Laufbahn auch Situationen, in denen Katja mir ganz klar die Grenzen aufzeigt. In den vergangenen Jahren meldete sie sich oft dann, wenn ich wichtige Termine im Kalender stehen hatte, an denen ich unbedingt funktionieren wollte. Pünktlich zu dem Datum klingelte sie an der Tür, voller Tatendrang und mit der Absicht, den Tag noch ein bisschen anstrengender zu machen. Doch ich fand Wege, Katja zwar mitzunehmen, sie aber nicht über mich bestimmen zu lassen.

Wenn ich zum Beispiel als Social-Media-Dozentin Vorträge halte, sage ich zu Beginn des Seminars Folgendes: »Aus irgendeinem Grund bin ich heute nervöser als sonst, bitte wundert euch also nicht, wenn ich plötzlich aus dem Raum stürme, weil mir schlecht wird.«

Katja blickt mich dann mit großen Augen an. Sie mag es nicht, wenn ich offen über sie spreche. Während die Resonanz meiner Seminarteilnehmer*innen oft sehr positiv ist, sie mir Mut zusprechen, kann ich innerlich entspannen. Der Druck, funktionieren zu müssen, fällt von mir ab. Ich könnte aus dem Raum stürmen und keine*r würde sich wundern.

Rausgestürmt bin ich bisher nie. Stattdessen werde ich mit jeder Minute selbstsicherer und Katja immer kleiner. Irgendwann verlässt sie dann wutentbrannt den Raum, weil ich ihr keine Aufmerksamkeit schenke. Danach fällt es mir leicht, das Seminar zu halten, ich mache Scherze und bin in meinem Element. In mir steckt nämlich eigentlich eine richtige Rampensau.

Am Ende eines solchen Seminars kommt fast immer mindestens ein*e Teilnehmer*in zu mir und bedankt sich. »Danke für das tolle Seminar, und danke, dass Sie zu Beginn Schwäche gezeigt haben, das macht Sie noch sympathischer.«

Dass ich innerlich kurz vor dem Erbrechen war und dachte, ich müsste meinen Vortrag jede Sekunde abbrechen, hat niemand bemerkt. Vielmehr gehe ich als stärkere und authentischere Person aus dem Seminar.

Auch in anderen beruflichen Situationen versuche ich, mit Offenheit das Verständnis meiner Mitmenschen zu wecken:

»Willst du die Pressereise nach L.A. machen?«

Ich würde sehr gerne – und doch sage ich hier von vornherein ab. Irgendwann möchte ich das können, für den Moment sind solche durchgeplanten Reisen mit festem Programm keine Option. Wenn ich verreise, dann nur für mich in meinem Tempo.

»Wir bieten dir eine Führungsposition mit Reisetätigkeit.«

Ich fühle mich geehrt, doch ich bleibe lieber Freiberuflerin. Nicht nur, dass ich das selbstständige Arbeiten liebe, weil ich so meine vielen Interessen abdecken kann, ich habe dadurch auch die Möglichkeit, meine Zeit frei einzuteilen, an guten Tagen ganz viel zu schaffen und an weniger guten Tagen auch einfach mal auszuruhen. Die Freiberuflichkeit gibt mir die Selbstbestimmtheit und Kontrolle, die ich so sehr brauche.

»Bei diesem Termin in Hamburg müsstest du dabei sein.«

Okay, ich komme gerne, aber ich nehme jemanden mit. Alleine nach Hamburg zu fahren klingt so einfach, doch neben Katja hätte ich dann gerne auch noch jemanden dabei, der mir Sicherheit gibt. Meistens ist das kein Problem. Und wenn doch:

»Kannst du nächste Woche alleine nach Berlin zu unserer Konferenz fliegen?«

Das geht leider noch nicht. In solchen Situationen erzähle ich offen von meiner Angsterkrankung – in größter Sorge, den Job zu verlieren. Mein Puls ist dann meist so hoch wie nach einer Runde HIIT-Training.

»Antonia, das ist gar kein Problem. Wir finden auch so eine Lösung, sonst skypen wir oder machen eine Telefonkonferenz.« Tausende Steine fallen mir vom Herzen.

Offenheit gewinnt. Immer.

Meine Erfahrung hat mir gezeigt, dass die meisten Arbeitgeber*innen Verständnis haben. Sie kommen mir wahnsinnig oft und weit entgegen, ich kann in schwierigen Phasen von zu Hause aus arbeiten, und gemeinsam suchen wir nach Lösungen. Der Dreh- und Angelpunkt ist jedoch die Offenheit. Nur dank ihr werde ich verstanden.

Jede*r Angstpatient*in, der oder die permanent wegen erfundener Krankheiten absagt, gerät irgendwann in einen Strudel, aus dem er oder sie nur schwer wieder ausbrechen kann. »Warum ist der immer krank?« Wer jedoch von vornherein offen mit seiner Angst umgeht, schafft die Möglichkeit zum Dialog.

Ist die Gegenseite dazu nicht bereit, frage ich mich immer: Möchte ich für Menschen arbeiten, die so wenig Verständnis für Schwäche haben? Die Krankheiten, die man sehen kann, akzeptieren, aber jene, die nicht offensichtlich sind, verleugnen?

Richtig. Die Antwort lautet: Nein.

30

»Wir können uns auch jederzeit an einem Ort treffen, der für dich gut funktioniert.« Ich atme auf. Ich hatte mit allerlei Antworten gerechnet, nur nicht mit dieser. So verständnisvoll, so offen mir und meinem kleinen Problem gegenüber ist mir bisher niemand in der Arbeitswelt begegnet. Diese E-Mail beweist mir, dass es auch anders geht.

Mit zittrigen Fingern hatte ich vor einer halben Stunde eine Nachricht getippt und schweren Herzens die Hosen runtergelassen: »Ich würde wahnsinnig gerne an eurer Konferenz teilnehmen, muss aber leider absagen, da ich momentan aufgrund meiner Angststörung nur bedingt so weit fahren kann.«

Natürlich hatte ich im besten Fall Verständnis erwartet, im schlimmsten Fall aber das Ende meiner Karriere bei diesem Arbeitgeber. Beim Lesen der freundlichen Worte fallen mir zahlreiche Steine vom Herzen.

In unserer Leistungsgesellschaft ist das Eingestehen von Schwäche und Überforderung ganz und gar nicht üblich. Jede*r Arbeitnehmer*in soll vor allem eins: einen guten Job machen, möglichst wenige Fehltage verbuchen und dabei Zufriedenheit ausstrahlen. Tatsächlich ist das ja auch der Wunsch der Arbeitnehmer*innen. Jede*r will seinen beziehungsweise ihren Job gut machen, dabei Geld verdienen und möglichst auch noch Lob für die eigene Leistung erhalten.

Doch Wunsch und Realität klaffen manchmal auseinander. Wir können nicht immer und überall funktionieren. Da gibt es die alleinerziehende Mutter, die der Spagat zwischen Job, Kindern und Selbstfürsorge zu zerreißen droht. Da ist der Mann, der seinen Vater Tag und Nacht pflegt und nicht mehr weiß, wie er seine Arbeit noch zu hundert Prozent erledigen soll, wenn daheim schon die nächste große Aufgabe wartet. Die Frau, die den Verlust ihrer Mutter verarbeiten muss, voll Trauer ist und sich nach vierzehn Tagen noch nicht dazu in der Lage fühlt, mit Kund*innen zu telefonieren. Der Mann, dessen Herz vor Liebeskummer ganz schwer ist, der seine Frau und Kinder vermisst und von der Wohnungssuche erschöpft ist. Und es gibt die Menschen, die krank werden. Die unter dem Stress leiden, mit schweren körperlichen Symptomen kämpfen oder deren Seele erkrankt.

Nur langsam wird in der Arbeitswelt für all jene Platz geschaffen. Arbeitgeber*innen blicken über den Tellerrand, verlassen bekannte Wege und überlegen: Wie kann ich meinen Mitarbeiter*innen den Berufsalltag und somit auch einen wichtigen Teil ihres Lebens erleichtern? Wo ist Raum für Flexibilität?

Denn in unserer digitalen Zeit ist es in vielen Berufen zum Beispiel durchaus möglich, auch von anderen Orten aus zu arbeiten, ohne an Qualität einzubüßen. Dank der neuen Kommunikationswege müssen wir nicht mehr ständig nebeneinandersitzen, sondern können auch über Skype & Co. wichtige Themen besprechen. Große Unternehmen wie Google oder Facebook haben die Vorteile der neuen Arbeitswelt bereits erkannt und viele Verbesserungen umgesetzt. Das Well-being ihrer Mitarbeiter*innen ist ihnen wichtig. Ruheräume, gesundes Essen und eine offene Gesprächskultur sollen ihr Wohlbefinden fördern und für jede*n, entsprechend seinem oder ihrem Charakter, eine gute Arbeitsatmosphäre schaffen.

Sicher, für viele Arbeitnehmer*innen besteht Präsenzpflicht. Es gibt eben auch Jobs, die die Anwesenheit des oder der Einzelnen erfordern. Doch manchmal muss es gar nicht zwingend das Homeoffice sein, das mir selbst beispielsweise ganz oft das Leben leichter macht. Manchmal reicht ein offenes Ohr, eine erste Idee oder die Bereitschaft, auf Vorschläge einzugehen.

Gleichzeitig müssen wir, die wir unseren Job so sehr lieben, begreifen: Es nützt niemandem, wenn wir uns voller Leidenschaft aufarbeiten und am Ende kurz vor dem Burn-out stehen. Stress, egal wie gut er sich anfühlt, macht krank. Wir müssen lernen, auf uns zu hören, für unser Wohlbefinden einstehen und ansprechen, wenn es uns schlecht geht. Krank und schwach zu sein und trotzdem weiterzupowern ist keine Leistung, sondern fahrlässig.

Ich wünsche mir, dass wir – trotz des Optimierungswahns, der uns umgibt – liebevoller miteinander umgehen. Dass wir der trauernden Kollegin die Zeit einräumen, die sie braucht. Dass wir dem kranken Kollegen Möglichkeiten bieten, wie er weiterhin Teil des Teams sein kann, ohne das Gefühl zu haben, durchs Raster zu fallen. Dass wir aufeinander zugehen, das Gespräch suchen und neue Wege einschlagen. Denn nur so schaffen wir ein Arbeitsumfeld, in dem sich jede*r von uns wohlfühlt – egal wie es ihr oder ihm gerade geht.

31

»Du siehst gar nicht krank aus.«

Bäm, das hat gesessen. Für einen kurzen Moment fehlen mir die Worte. Wer mich kennt, weiß, dass das nur selten passiert. Als ich mich wieder gefangen habe, versuche ich, mich zu erklären. Ich schlittere von einer Rechtfertigung in die nächste und bin am Ende fast wütender auf mich selbst als auf die Person, der ich mich gerade anvertraut habe. Schulterzuckend zieht sie von dannen, und ich weiß natürlich, dass sie mir nicht glaubt.

»Wahrscheinlich hat sie nur keine Lust.«

»Vielleicht sind ihr andere Sachen wichtiger?«

»Niemand hat wirklich Angst vor dem U-Bahn-Fahren!«

»Wenn du nichts mit mir unternehmen willst, brauchst du dir doch nicht so was auszudenken.«

Oder: »Du weißt aber schon: Normal ist das nicht.«

Sätze, die ich mir über die Jahre immer wieder anhören musste. Sätze, die mich verletzt haben. Die mich selbst an mir zweifeln ließen. Die mich zwangen, mich zu rechtfertigen, wo doch eigentlich gar keine Rechtfertigung nötig ist. Sätze, die mich dazu brachten, absurde Ausreden zu erfinden.

Der Grund für dieses Unverständnis und die damit einhergehende Ungerechtigkeit scheint darin zu liegen, dass meine seelische Erkrankung nicht sichtbar ist. Ich sehe fit aus, bin sportlich, ich lebe ein ganz normales Leben in meinen eigenen vier Wänden. Ich habe einen Job, bin erfolgreich in dem, was ich tue, und sogar sehr glücklich. Ich bin mit Freund*innen unterwegs, gehe aus, in Restaurants, Bars und Cafés, date hier und da und lache extrem viel. Mein Instagram-Account ist bunt und fröhlich. Das typische Bild der leidenden Kranken erfülle ich nicht. Zum Glück. Gleichzeitig macht es das aber auch sehr schwierig für mich.

Ein Armbruch, eine Erkältung oder auch eine schlimmere körperliche Erkrankung sind eine klare Sache. Die Menschen um einen herum geraten in Sorge, wollen sich kümmern und helfen. Selbst manch andere seelisch Erkrankte wie zum Beispiel Magersüchtige haben es in dieser Hinsicht leichter. Denn ihr Leiden wird – nicht immer, aber hin und wieder – eben deutlich wahrgenommen. Ich würde lügen, würde ich behaupten, dass ich nicht manchmal nachts wach lag und mir wünschte, ich könnte die Angst gegen eine sichtbarere Erkrankung eintauschen. Mir vorstelle, mich einmal nicht erklären zu müssen. Nicht vor fragenden Augen zu stehen und auf Verständnis zu hoffen. Nicht die zweifelnden Untertöne zu hören und zu wissen, ich werde gerade in eine Schublade gesteckt.

Natürlich bin ich jeden Tag dankbar, dass ich körperlich gesund bin – und meine größte Sorge manchmal diese absurde Angst ist. Trotzdem wäre es eine enorme Erleichterung für mich und all die anderen seelisch Erkrankten, würden wir alle anfangen, die mentale Gesundheit genauso hoch einzustufen wie die körperliche. Es gibt eben nun mal Sorgen und Nöte, die nicht auf den ersten Blick erkennbar, und dennoch genauso ernst zu nehmen sind. Wir müssen beginnen zuzuhören, denen, die sich öffnen, Glauben schenken und dann erst mal nur eines tun: unsere Hilfe anbieten. Egal, ob wir jene Krankheit oder Störung nachvollziehen können oder nicht.

In den USA ist man, was den offenen Umgang mit seelischen Erkrankungen angeht, schon sehr viel weiter. Über die eigene Anxiety – also seine Ängste und nervöse Unruhe – spricht dort nahezu jeder. Zuzugeben, dass man sich Hilfe gesucht hat und zu einem Therapeuten oder einer Therapeutin geht, scheint niemandem mehr etwas auszumachen. Schauspieler*innen, Musiker*innen, selbst CEOs und Manager*innen tragen dazu bei, dass das Thema enttabuisiert wird. Denn psychische Erkrankungen sind absolut keine Seltenheit – und schon gar keine Charakterschwäche.

Musikerin Lady Gaga leidet an einer posttraumatischen Belastungsstörung, erst kürzlich erklärte Schauspielerin Emma Stone, mit einer Angststörung gekämpft zu haben. Sängerin Adele und Selena Gomez haben Depressionen hinter sich, ebenso Jim Carrey und Ariana Grande. Niemand zweifelt deswegen an der Kompetenz der Betroffenen, im Gegenteil. Vielmehr wird Menschen, die ihr Coming-out wagen, Empathie und Mut zugeschrieben. Auch ich unterschreibe das.

Zu erkennen, dass die eigene Seele Hilfe braucht, ist schließlich gar nicht so einfach. Wie auch? Während man häufig schon sehr früh mit physischen Krankheiten konfrontiert wird, wird über psychische geschwiegen. Oft dauert es sehr lange, bis man auf die Idee kommt, sich wegen eines Leidens, das nicht den Körper betrifft, ärztlichen Rat zu holen. Doch das ist falsch. So wie wir uns täglich um unseren Körper kümmern, ins Fitnesscenter rennen und Yoga machen, auf gesunde Ernährung achten und zum Arzt oder zur Ärztin gehen, wenn wir die Grippe haben, so sollten wir uns auch den Freiraum geben, eine Therapie zu machen und das auch offen sagen zu können.

Es ist stark, Schwächen zu erkennen und an diesen zu arbeiten. Egal ob sie sichtbar sind oder nicht.

32

Es ist ein heißer Augusttag im Jahr 2012. Unsicher betrete ich den Altbau in einer von Münchens besten Gegenden. Die Fahrt hierher hat mich schon Kraft gekostet. Unbekanntes Terrain, Trambahn, und das alles auch noch bei sommerlichen dreißig Grad. Aber jetzt bin ich hier, die Kühle des Treppenhauses beruhigt mich.

Es ist lange her, dass ich eine Therapie gemacht habe. Doch in den letzten Wochen habe ich gespürt, dass Katja sich zurückmeldet, kleinere Krisen halten mich auf. Also habe ich mich entschieden, mir wieder Unterstützung zu suchen. Dass ich innerhalb von vier Wochen einen Therapeuten finden würde hatte ich selbst nicht gedacht. Liegt wohl an der Großstadt. Jackpot sozusagen. Mein Glückslos heißt Sebastian Keller* – und bei ihm habe ich heute meinen ersten Termin.

Im ersten Stock angekommen, betrete ich eine schöne Altbauwohnung. Therapiepraxen sind immer schön. Sie strahlen Ruhe und Gemütlichkeit aus, kein Vergleich zur altmodischen Hausarztpraxis. Im Wartezimmer bin ich die einzige Patientin. Auch das kommt nicht selten vor. Eigentlich schade, denke ich. Ich würde gerne wissen, wer neben mir noch so alles zu Herrn Keller geht. Um mich abzulenken, blättere ich in einer *Schöner Wohnen* von 2011. Ich blicke auf Seiten mit vergangenen Wohntrends, doch meine Gedanken schweifen immer wieder ab. Hoffentlich verstehen wir uns. Hoffentlich fühle ich mich wohl. Hoffentlich ist das der richtige Weg.

»Frau Wille?«

---

* Name wurde geändert.

Ich sehe auf. Vor mir steht ein junger Mann. Ist *das* Sebastian Keller?, frage ich mich. Ich hoffe nicht.

»Ich bin Sebastian Keller, Ihr Therapeut«, stellt er sich vor – und bestätigt meine Befürchtung. Ehrlicherweise hatte ich auf einen älteren Herrn mit Schnauzbart gehofft, einen, der mir ein wohliges Gefühl von Altersweisheit und Ruhe gibt. Doch Sebastian Keller ist so alt wie ich – oder sogar jünger –, sieht ziemlich gut aus und wird sich jetzt gleich mit meinen Problemen befassen. Alles klar, denke ich noch und folge ihm verwirrt in sein Zimmer.

»Sie sind wegen Ihrer Angststörung hier, richtig?«

»Ja«, stammle ich, und es fühlt sich falsch an.

»Na, dann beschreiben Sie mal, was Sie gerade jetzt zu mir führt.« Ich blicke Sebastian Keller an und beginne zu erzählen.

Ich gehe bereits seit vier Monaten zu Sebastian Keller, als er mir eine – seiner Meinung nach – tolle Idee präsentiert. »So, Frau Wille, nächstes Mal treffen wir uns am Sendlinger Tor und fahren ganz viel U-Bahn.« Ich stutze, mache ich ja sonst auch. »Ja, aber diesmal fahren wir von Endstation zu Endstation, erst gemeinsam, dann in getrennten Wagen und dann Sie alleine, ohne Handy.«

Warum mein Psychotherapeut das machen will, weiß ich. Die altbekannte Konfrontationstherapie. Je öfter man sich seinen Ängsten aussetzt, umso weniger werden sie. Das stimmt auch – ist aber nur ein Teil des Geheimnisses. Zumal ich persönlich es noch immer absurd finde, ohne freiwillige Motivation irgendwelche Wege zurückzulegen. Warum soll ich nach Garching fahren, wenn es da kein Ziel für mich gibt? Trotzdem stimme ich dem Experiment zu.

Wenige Tage später treffen wir uns am Sendlinger Tor. Man könnte meinen, wir sind gute Freunde, rein optisch passt es. Trotzdem ist da diese Distanz – und meine Hemmungen gegenüber Sebastian Keller, die es mir schon unangenehm machen, nur mit ihm U-Bahn zu fahren.

Nach einer kurzen Begrüßung steigen wir in die U6 Richtung Großhadern ein. Was reden wir denn jetzt?, denke ich noch, da liefert mir Sebastian Keller schon die Antwort: »Also, Sie sagen mir jetzt immer, wie Sie sich fühlen.«

Okay. »Ich fühle mich normal«, antworte ich.

Doch diese Antwort passt meinem Therapeuten nicht so wirklich. »Aufregung, Anspannung?« Ich schüttle den Kopf. Die U-Bahn fährt bereits. »Na, dann geben Sie mir jetzt gleich mal Ihr Handy!«

»Mal ehrlich, ich bin immer mit Handy unterwegs, was soll das bringen?«, frage ich mit leicht gereiztem Unterton. Ich verstehe den Ansatz, finde das Verfahren aber trotzdem weltfremd – und dann steht da auch noch dieser junge Mann vor mir. Je länger wir fahren, desto absurder erscheint mir die gesamte Situation.

»Geben Sie es mir einfach, das gehört zur Übung.« Ich verdrehe die Augen, reiche ihm mein Handy und schwöre mir gleichzeitig, dass das das letzte Mal ist, dass ich mit Sebastian Keller Konfrontationstherapie betreibe.

Wenig später wird mir ein weiterer Grund dafür geliefert. Wir sind bereits auf der Rückfahrt in die andere Richtung, und ich beschreibe Sebastian Keller immer noch entnervt meinen Gefühlszustand, als wir am Marienplatz halten. Plötzlich tönt es: »Toni? Was machst du denn hier?« Ich zucke zusammen, drehe mich um. Eine Kommilitonin steht vor mir.

»Hey«, würge ich heraus. »Ich bin gerade jobtechnisch unterwegs.«

Irritiert blickt sie mich und den jungen Mann an meiner Seite an. Sie kennt meinen Freund. »Okay, ähm ja, cool. Ich muss auch schon wieder raus.«

Mein Unwohlsein hat sich auf sie übertragen. Sie merkt, sie stört. Dass sie mich aber gerade nicht beim Fremdgehen, sondern bei meiner Therapiestunde erwischt hat, wird sie nie erfahren.

»Okay, tschüss, bis bald.«

»Und wie fühlen Sie sich jetzt?«, fragt Sebastian Keller.

»Scheiße.«

Eine Übung, wie wir sie an jenem Tag gemacht haben, gab es nie wieder. Wahrscheinlich hat auch mein Therapeut gemerkt, dass es nicht funktioniert hat. Ich reagierte mit Trotz, er mit Aggressivität. Als die Pflichtstunden vorbei waren, waren wir wohl beide erleichtert. »Ich rufe Sie in einem halben Jahr an und frage, wie es Ihnen so geht«, versprach mir Sebastian Keller in unserer letzten Stunde. Als ich die Altbauwohnung verließ, wusste ich schon, was passieren würde: Sebastian Keller hat sich nie mehr gemeldet.

Tatsächlich hatte ich bereits in der ersten Therapiestunde ein ungutes Gefühl, es fühlte sich irgendwie falsch an – zumindest für mich. Ich konnte meinen Therapeuten kaum ernst nehmen. Nicht weil er inkompetent war, sondern weil mein erster Eindruck mich verwirrt hatte. Er war genauso alt wie ich, was mich hemmte, ihm ehrlich meine Meinung zu sagen. Abends beim Weggehen befürchtete ich, ihn zu treffen und eine unangenehme Begegnung durchstehen zu müssen. Zum damaligen Zeitpunkt wussten nur meine Familie sowie mein Freund von der Therapie. Meinen Freund*innen erklären zu müssen, woher ich ihn kannte, hätte mich in Bedrängnis gebracht. Trotzdem habe ich die Therapie fortgesetzt.

Es ist natürlich gar nicht selten, dass Patient*in und Therapeut*in nicht optimal harmonieren, doch das ist zwingend notwendig, wenn man eine gute Therapie absolvieren will. So wie bei Sebastian Keller und mir muss es definitiv nicht laufen. Ein*e erfahrene*r Therapeut*in hätte mein Unwohlsein bemerkt und von sich aus angesprochen, dass jemand anders vielleicht besser für mich geeignet gewesen wäre. Auch ich war zu jung, um meinem Therapeuten zu sagen, dass ich der Meinung war, dass wir im wahrsten Sinne des Wortes nicht matchten. Heute würde ich nach den ersten Probestunden definitiv meine Gefühle schildern.

Wie gut die Zusammenarbeit mit eine*r*m Therapeut*in funktionieren kann, habe ich ein paar Jahre später gemerkt. Nach meiner Erfahrung mit Sebastian Keller hatte ich erst mal keine Lust mehr auf Therapie. Doch 2015, nach einer anstrengenden Trennung, viel Arbeit und dem Studienabschluss, entschied ich mich, noch mal zu einem Therapeuten zu gehen, um bestimmte Themen zu besprechen. Die Angst stand dabei gar nicht so sehr im Vordergrund, es ging mehr um die persönliche Auseinandersetzung mit mir und meinem Leben und irgendwie auch einfach darum, mir meine Sorgen und Nöte von der Seele zu reden. Therapie hatte mir in den vergangenen Jahren nicht nur den Umgang mit der Angst erleichtert, sondern mich auch zu einem reflektierteren Menschen gemacht. Ich konnte dank der verschiedenen Ansätze meine Gefühle besser einordnen, wusste, was gut für mich ist und warum ich bei manchen Dingen empfindlich reagiere.

Dieses Mal landete ich bei dem Psychoanalytiker Peter Ibbetson, der mich verstand, der nachvollziehen konnte, dass eine reine Konfrontationstherapie nicht mit meinem Ehrgeiz, meinem Stresspensum und meinem hohen Anspruch an mich selbst zusammenpasst. Der wusste, dass die Konfrontation wichtig und gut ist, sie bei Patient*innen wie meiner Mutter wunderbar funktioniert, sie mir hingegen nur in einer bestimmten Dosis guttut, weil meine Seele sonst vor Überforderung kapituliert.

Wir arbeiten bis heute zusammen – mal mehr, mal weniger intensiv. It's a match.

33

Vielleicht ist das die beeindruckendste Frau, die ich je getroffen habe, denke ich, während wir zusammen durch die Villa schreiten, in der eine Modeagentur heute Abend verschiedene neue Kollektionen präsentiert. Olivia und ich kennen uns aus dem Internet, eines Tages landete plötzlich eine E-Mail in meinem Postfach: »Hey du, ich sehe, du gehst auch immer allein zu den Press-Days, da wollt ich mal fragen, ob wir zum nächsten vielleicht gemeinsam gehen wollen?« Ich freute mich über ihren Mut, schrieb sofort ein »JA!« zurück.

Jetzt stehen wir hier, in diesem prächtigen Altbau, und ich bin fasziniert. Nicht nur von dem Haus, dessen Mietpreis ich mir gar nicht ausmalen mag – denn auch 2012 schon weiß ich, dass diese Räume für Normalsterbliche in München unbezahlbar sein müssen –, sondern vor allem von der Frau mir gegenüber, deren Offenheit mich umhaut.

»... und dann hat meine Therapeutin gesagt, ich sollte ruhig mal wieder mehr unter Menschen gehen.« Da, schon wieder. Ich bin sprachlos. Sie redet so offen über ihre Therapeutin, als wäre sie ihr süßer kleiner Yorkshireterrier, der sie jeden Tag begleitet.

Zögerlich antworte ich: »Das finde ich gut. Deine Therapeutin hat recht. Ich bin übrigens auch in Therapie.« Die letzten Worte flüstere ich fast.

»Ach, cool, seit wann denn?«

Ich bin fast versucht, »Psst!« zu sagen, antworte stattdessen aber: »Gerade erst wieder. Läuft aber nicht so gut, der Typ ist so gar nicht der klassische Therapeut, ziemlich jung und so.«

Sie lacht auf. »Oje, so was geht gar nicht. Man will doch lieber Typ Papa oder Mama, nicht?« Ich nicke. »Wenn's nicht passt, lass es lieber. Ich habe auch schon mal eine Therapie abgebrochen, Gruppentherapie, das war für mich so gar nichts.«

Gruppentherapie. Jetzt bin ich angefixt. Sie weiß offensichtlich mehr über das Thema als ich. Normalerweise spreche ich nie über diese Dinge, jetzt aber öffnet ihre Offenheit auch mich. »Wow, magst du mir dazu mehr erzählen?«

»Klar.«

»Wollt ihr beide noch die neue Sommerkollektion von Superga sehen?«, werden wir jäh unterbrochen. Die Dame von der Agentur.

Wir nicken, doch Olivia dreht sich noch mal zu mir um: »Lass uns doch einfach danach noch irgendwo einen Kaffee trinken gehen.«

Meine Familie und mein damaliger Freund wissen von meiner Therapie, ansonsten spreche ich mit niemandem darüber, wo ich mich jeden Mittwochabend herumtreibe. Ich möchte mich nicht erklären müssen und schon gar nicht irgendwie »anders« sein. Verrückt, wenn ich im Nachhinein darüber nachdenke. Zu jenem Zeitpunkt ist der Besuch der Therapie für mich einerseits hilfreich und befreiend, andererseits tue ich so, als würde ich ein düsteres Geheimnis mit mir herumtragen. Schuld sind gesellschaftliche Vorurteile, die mich mit sechsundzwanzig noch stark belasten. Ich weiß es nicht besser, ich kenne niemanden, der in Therapie ist.

Bis ich Olivia treffe. An jenem Tag gehen wir noch in ein Café, reden über dies und das und streifen dabei auch immer wieder das Thema Therapie. Als wäre es das Normalste auf der Welt. Für sie ist es das, und mir eröffnet sie damit eine ganz neue Sichtweise.

Als ich bei einem weiteren Treffen sage, wie toll ich es finde, dass sie so offen damit umgeht, sieht sie mich erstaunt an. »Na hör mal, jeder geht doch zur Therapie. Oder sollte es zumindest.« Ich lache. Sie hat so recht. »Therapie hat mir wirklich geholfen, das ist doch nichts, wofür man sich schämen muss.« Wieder hundert Punkte.

Wir alle kommen über kurz oder lang im Leben an den Punkt, an dem wir uns mit uns und unserer Psyche beschäftigen müssen. Dabei sind es gar nicht immer die großen Fragen wie der Tod oder der Verlust eines Menschen, die uns in die Auseinandersetzung mit uns selbst treiben. Es können auch kleine Dinge sein, Emotionen, die wir nicht verstehen, oder Verhaltensmuster, die wir in Zukunft vermeiden wollen, da sie uns einschränken oder uns schaden.

Sich Hilfe zu suchen, wenn man alleine nicht mehr weiterweiß, sollte eigentlich selbstverständlich sein. Diese Hilfe kann in schlauen Büchern und Ratgebern stecken, die einem Wege weisen. Gespräche mit Familie und Freund*innen können unterstützend wirken. Und wenn man ganz sicher sein will, holt man sich eben professionelle Beratung.

Würde die Akzeptanz von Therapien hierzulande steigen, könnten viele psychische Erkrankungen bereits in ihren Anfängen behandelt werden. Lange Wartezeiten sowie Hemmungen, dieses Tabuthema anzugehen, führen jedoch dazu, dass die meisten Menschen erst einmal versuchen, alleine mit ihren kleinen wie großen Problemen klarzukommen.

Je älter wir werden, desto mehr Päckchen haben wir alle zu tragen. Und nicht jede Verletzung, jedes Verhalten, jede Erfahrung lässt sich einfach so verarbeiten. Manchmal brauchen wir eben Hilfe. Wer zur Therapie geht, bekommt sie. Effektiver, schneller und manchmal auch ungefilterter, als es nicht ausgebildete Freund*innen und Familienmitglieder leisten können. Ein neutraler Blick, der ganz objektiv und unbefangen auf die Situation schaut, fördert ganz andere Dinge zutage, als es Menschen können, die durch ihr Verhältnis zu einem mit betroffen sind.

Olivia hat mich gelehrt, dass Hilfe anzunehmen auch heißt, zu seiner Schwäche zu stehen. Dass man sich nicht schämen muss, wenn man sich als selbst ernannte Powerfrau nicht immer nur alleine durchs Leben kämpft. Die Freundschaft mit ihr gab für mich den Anstoß, offen über Therapie zu sprechen. Nicht nur in ihrer Gegenwart, sondern in meinem ganzen Umfeld. Das Echo war meistens positiv, neugierig, interessiert. Kommt das Thema in Gesprächen auf, gebe ich mittlerweile offen zu, dass ich großer Fan von Therapien bin.

Dass es nicht nur für mich, sondern auch für viele andere leichter ist, dieses alte Tabu zu brechen, verdanken wir auch den sozialen Medien. Sie öffnen heute glücklicherweise den Blick auf seelische Erkrankungen. Menschen wie du und ich berichten dort von depressiven Phasen, von Zwangsstörungen, Ängsten und auch schweren seelischen Erkrankungen.

Hilfe anzunehmen ist wichtig. Darauf einigten Olivia und ich uns an jenem Nachmittag. Genauso darauf, dass wir ab sofort nicht mehr ohne einander durchs Leben gehen würden. Offenheit führt eben auch zu großartigen Dingen wie wahrer Freundschaft.

34

»Machen Sie's doch einfach.«

Ich atme tief ein. Bevor ich in Versuchung gerate, wütend aufzuspringen und meinen Therapeuten anzuschreien, blicke ich aus dem Fenster. Nachdem ich mich gesammelt habe, sage ich nur: »Wissen Sie, wenn es so einfach wäre, wäre ich vermutlich nicht hier.«

Der hagere grauhaarige Mann sieht mich aus seinem großen Ohrensessel mit Blümchenmuster erstaunt an. »Na ja, um ehrlich zu sein, ist es das eben doch.«

Mir wird heiß. Ich verliere nicht schnell die Fassung, zumal ich mit meinen neunzehn Jahren noch nicht die Stärke besitze, um einfach aufzustehen und zu gehen. Wütend bin ich trotzdem. »Kann es sein, dass Sie mich so gar nicht ernst nehmen?«

Diesmal atmet der Psychotherapeut tief ein. Es klingt wie ein genervtes Aufstöhnen. »Doch, natürlich nehme ich Sie ernst. Ich sehe hier nur irgendwie kein Problem. Fahren Sie weg, verreisen Sie, machen Sie's einfach. Dann wird Ihre ›Angst‹ verschwinden.« Bei dem Wort hebt er die Hände und malt imaginäre Anführungszeichen in die Luft. Spätestens bei dieser süffisanten Geste reicht es mir.

»Wissen Sie, Sie haben recht. Ich mach's einfach. Ich brauche Ihre Hilfe nicht.« Ich erhebe mich aus meinem geblümten Sessel, sage das verlogenste Auf Wiedersehen, das ich aus mir herauspressen kann, und verlasse das alte Bauernhaus. Im Auto heule ich erst mal eine Runde.

Sebastian Keller war nicht der einzige Griff ins Therapeutenklo. Auch jener Therapeut schimpfte sich zwar so, hatte aber im

Fach Zuhören tatsächlich einiges versäumt. Zumindest wirkte es im Gespräch mit mir so. Während ich ihm meine Ängste schilderte, schweifte er gedanklich merklich immer wieder ab, sortierte seine Bücher auf dem Beistelltisch und spielte meine Sorgen letztlich herunter.

Therapie bedeutet nicht permanente Zustimmung vonseiten des Therapeuten oder der Therapeutin. Im Gegenteil, Streitgespräche, Diskussionen und auch eine äußere Einordnung und Reflexion der Nöte ist wichtig. Ernst genommen werden sollte der oder die Patient*in – so absurd sein oder ihr Problem in der Außenbetrachtung auch erscheinen mag – dennoch. Denn nur wenn die Basis stimmt, kann in die Tiefe gegangen werden.

Jener Therapeut vermittelte mir das Gefühl, ich würde seine Zeit stehlen. Dass meine Ängste ein Hirngespinst seien, das keinerlei Zeitaufwendung Dritter bedurfte. Welche Katastrophe für Menschen mit seelischen Leiden, die sowieso ständig an sich zweifeln und sich scheuen, über ihre – rational nicht immer nachvollziehbaren – Probleme zu sprechen.

Es ist keineswegs so, dass ich mich immer locker flockig in den Therapeut*innendschungel warf und hoch motiviert an meinen Seelenproblemen arbeiten wollte. Ich war neunzehn, in Not, fast schon verzweifelt und die Therapie meine letzte Hoffnung auf Besserung, sozusagen mein Rettungsanker.

Auf der Autofahrt nach Hause beschloss ich trotzdem, es erst mal sein zu lassen. Die Idee, nach Frau Schmitt-Wagenstätter eine erneute Therapie zu machen, um den Auslösern für meine Angst näher auf den Grund zu gehen, verwarf ich just in dem Moment, in dem ich das Haus des »Therapeuten« verließ. In Gedanken malte ich Gänsefüßchen in die Luft und schnaubte wütend.

Im Nachhinein bin ich übrigens überzeugt, dass der Psychotherapeut sein Handwerk durchaus verstand, wir aber auf persönlicher Ebene einfach nicht kompatibel waren. Möglicherweise fiel es ihm so schwer, mich ernst zu nehmen, weil ich so jung war. Vielleicht strahlte ich aber auch unbewusst eine ablehnende Haltung der Therapie gegenüber aus, sodass er annahm, ich würde mich einfach nur wichtigmachen wollen. Wer weiß. Man könnte sagen, wie bei einem schlechten Date hat es schlicht nicht funktioniert.

Wir matchen eben nicht mit jedem Menschen, so ist es überall im Leben. Manchmal müssen wir sehr viele Menschen treffen, bis die große Liebe vor uns steht. Manchmal lohnt sich ein zweiter Blick, manchmal weiß man ab Sekunde eins, das wird nichts. Und manchmal ist es Liebe auf den ersten Blick. Das gilt auch für die Therapeutensuche.

Glücklicherweise gibt es die sogenannten Erstgespräche, in denen beide Seiten abchecken können, ob die Chemie stimmt, ob man offen sprechen kann und ob der oder die Therapeut*in geeignet ist, um seiner oder ihrer Patient*in zu helfen und sie oder ihn beim Heilungsprozess zu unterstützen.

Leider stellen in Deutschland die Therapeutensuche sowie die Platzvergabe immer noch ein Hindernis dar. Es gibt zu wenige Plätze für zu viele Menschen, die verschiedenste seelische Probleme plagen. Das führt dazu, dass man, hat man endlich einmal einen Platz ergattert, einfach nur froh ist und nur noch wenige Ansprüche hat. Oft ist schon viel Zeit verstrichen, die Probleme blieben unbehandelt, und jetzt kann man endlich aktiv werden. Der Wunsch, dass der oder die Therapeut*in der oder die Richtige ist, kann dann auch mal ein schlechtes Gefühl übertrumpfen.

So geschehen bei Sebastian Keller. Schon beim ersten Treffen mit dem jungen Psychotherapeuten sagte mein Bauchgefühl: »Das wird nicht funktionieren.« Doch ich wollte die Therapie so sehr, war so froh, endlich anfangen zu können, dass ich das ignorierte. Von Sitzung zu Sitzung aber wurde deutlicher: Wir funktionieren nicht. Am Ende keiften wir uns nur noch an, fanden uns gegenseitig furchtbar doof und waren beide froh, als die letzte Stunde kam.

»Wie fanden Sie die Therapie?«, fragte er mich zum Abschluss.

»Ich denke, ich konnte einiges mitnehmen, glaube aber auch, dass wir nicht so harmoniert haben.«

»Das stimmt. Aber das lag vor allem an Ihrer Mitarbeit.«

»Kann sein«, antwortete ich trotzig. Meine Höflichkeit verbat es mir, ihm meine Sicht der Dinge an den Kopf zu werfen. Als ich die Praxis verließ, war ich heilfroh. Was für ein Reinfall.

Doch tatsächlich nahm ich einiges mit. Und wenn es nur der Vorsatz war, ab sofort immer auf mein Bauchgefühl zu hören. Therapie funktioniert nur, wenn man sich wohlfühlt. Wenn man sich gerne öffnet, das Gefühl hat, das Gegenüber nimmt einen zu hundert Prozent wahr und stellt sich auf seine Bedürfnisse und seine persönliche Geschwindigkeit ein. Es ist ganz individuell, bei wem man sich geborgen und gut aufgehoben fühlt. Ob man lieber mit einer jungen Frau spricht, mit einem älteren Herren oder ob es einem völlig schnuppe ist.

Lieber einmal zu viel wechseln als zu wenig. Schließlich soll die Therapie einen voranbringen – und das funktioniert nur, wenn man gewillt ist, sich voll und ganz auf den Prozess einzulassen. Alles andere ist Zeitverschwendung.

35

Auch wenn ich nicht sofort meine*n Traum-Therapeut*in fand, blieb ich offen für das Thema. Vielleicht nicht von Anfang an, doch je älter ich wurde, desto spannender fand ich die Idee, mit jemandem zu reden, der nur die aktuelle Version meiner Geschichte kennt und dementsprechend objektiv ist.

Obwohl ich also innerlich so weit war, eine Therapie zu machen und auch immer wieder eine*n Psychotherapeut*in aufsuchte, bin ich viel zu lange nicht offen damit umgegangen. Erst war ich zu jung und hatte Angst vor den Reaktionen meines Umfelds, später wollte ich niemanden mit meinen Problemen belasten. Wir sind schließlich eine Leistungsgesellschaft – und Katjas haben da wirklich nichts verloren. Also machte ich die Therapie einzig und allein für mich. Viele Erkenntnisse, die ich für mich gewann, behielt ich so erst mal für mich. Manchmal bekam ich ein »Wow, du bist ja total reflektiert« zu hören. Ich wusste, warum das so war, gab aber nicht zu, dass ich nicht einfach so zu mir gefunden hatte, sondern eben hart dafür gearbeitet hatte. Mit meinen Therapeut*innen.

Wir alle erleiden in unserem Leben kleinere wie größere Traumata, haben an Liebeskummer zu knapsen und machen verschiedenste, zum Teil sehr negative Erfahrungen in Beziehungsstrukturen. Das prägt uns und formt unser Verhalten. Jemanden zu haben, der die Dinge ins rechte Licht rückt, hilft nicht nur bei einer Angsterkrankung, sondern eigentlich immer. Es tut gut, mit einer außenstehenden Person zu sprechen, die einen objektiv betrachtet, eigene Erlebnisse und Erfahrungen außen vor lässt und Denkanstöße liefert.

Therapie hat mich vorangebracht. Nicht nur in Bezug auf meine Ängste, sondern auch was meine Sicht auf mein Leben, meine Wünsche und Bedürfnisse betrifft. Ich habe gelernt, mich und meine Mitmenschen besser zu verstehen. Ich bin gnädiger geworden, achtsamer, sicher auch egoistischer, aber gleichzeitig offener für andere Lebensmodelle, andere Wege und Probleme.

Therapie ist immer ein Gewinn, wenn das Zusammenspiel von Therapeut*in und Patient*in klappt. Warum? Hier sind meine fünf Gründe:

1. Therapeut*innen verstehen dein Problem

Wer das erste Mal mit einer psychischen Störung in Berührung kommt, erkennt diese meist nicht sofort. Seelische Erkrankungen schleichen sich leise an und ein, erst später werden sie zu einem größeren Problem. Anfangs denkt man: »Warum reagiere ich so, wenn es für alle anderen normal ist?« Man bleibt verwirrt zurück.

Genau auf diese Frage hat ein*e Therapeut*in eine Antwort. Er oder sie hört dir zu und kann anhand deiner Schilderungen eine Diagnose stellen, dir erklären, wo im wahrsten Sinne des Wortes das Problem vergraben liegt. Ein medizinischer Begriff macht ein Leiden greifbarer, endlich ist es nicht mehr so abstrakt, und du weißt, dass du es dir nicht nur eingebildet hast. Gemeinsam wühlt ihr euch durch deine Historie, aber immer nur so weit, wie du es zulässt. Offenheit ist wichtig, genauso aber das langsame Kennenlernen und Herantasten.

Während ich mit den Schilderungen meiner Ängste in meinem Umfeld oft auf Unverständnis stieß – nicht weil es meine Freund*innen und Teile meiner Familie nicht verstehen wollten, sondern weil sie es tatsächlich nicht konnten –, wussten meine Therapeut*innen genau, wie ich mich fühlte. Was für eine Erleichterung, verstanden zu werden – und vor allem die Bestätigung zu bekommen, dass es erstens vielen Menschen so geht und man zweitens trotzdem ganz normal ist.

2. Du sprichst endlich mit einer außenstehenden Person

Wir kennen das alle: Bei Problemen wie Liebeskummer oder Streit suchen wir den Rat der Familie und von Freund*innen. Das ist auch gut so, sie kennen uns und können uns daher hilfreiche, auf unseren Charakter zugeschnittene Tipps geben. Trotzdem darf man nicht vergessen: Bei allen Ratschlägen aus unserem direkten Umfeld spielen immer auch die Erfahrungen des- oder derjenigen eine Rolle, der beziehungsweise die sie uns gibt. Der Freund, der betrogen wurde, wird uns in unserer Eifersucht bestärken, die Freundin, die schon öfter fremdgegangen ist, sieht es vielleicht nicht so eng. Jede*r schöpft aus seinem oder ihrem eigenen Erfahrungsschatz, den bekannten Strukturen und Emotionen. Doch sobald wir einmal in einer handfesten Krise stecken, ist es gut, diese auch von einer unabhängigen Person beurteilen zu lassen. Das können kleine Dinge sein, wie Liebeskummer oder Streit mit den Eltern, genauso wie größere Notlagen, in die man – zum Beispiel ausgelöst durch eine psychische Erkrankung – schlittert. Psychotherapeut*innen hören zu und weisen mit ihren gezielten Fragen den Weg, ohne ihre Meinung oder persönliche Erfahrung mit einzubringen. Sie helfen, Erkenntnisse zu gewinnen und Lösungsideen zu entwickeln.

Es tut gut, mit jemandem zu sprechen, der deine Situation losgelöst von der eigenen Erfahrung beurteilt und bespricht.

3. Die Therapiestunde ist dein Safe Space

Ich freue mich auf jede Therapiesitzung, die ich habe. Mittlerweile ist es mein Ritual, schon im Vorfeld aufzuschreiben, was ich besprechen möchte. Ich nutze die Stunden, um Themen, die mir wichtig sind, von meinem Therapeuten beleuchten zu lassen und so einen neuen Blickwinkel zu bekommen. Wir sprechen nicht nur über meine Ängste, sondern auch immer über akute Dinge wie meinen aktuellen Workload, persönliche Erlebnisse und die großen wie kleinen Fragen des Lebens.

Das Gute ist: Was in der Therapiestunde besprochen wird, bleibt zwischen mir und meinem Therapeuten. Ärger oder Unverständnis über bestimmte Verhaltensweisen meiner Mitmenschen, aber auch Wut kann hier Raum finden, während ich solche Emotionen im Alltag vielleicht eher unterdrücken muss. Ich nenne Therapiesitzungen gerne meinen Safe Space – denn hier kann ich toben, weinen und mir einfach alles von der Seele reden.

4. Du entwickelst dich weiter

Schleichend, aber stetig bringt Therapie einen voran. Oft merkt man es selbst gar nicht sofort, sondern wird von außen darauf hingewiesen. »Du wirkst so ausgeglichen!« Oder: »Irgendwie bist du anders.«

Therapie verändert dich – und zwar im positiven Sinne. Du lernst dich besser kennen und bist reflektierter. Diese Kompetenzen führen dazu, dass du auch dein Verhalten unbewusst änderst und anders an Dinge herangehst. Und seien wir mal ehrlich: Würde es nicht Therapie, sondern Life Coaching heißen, wäre der Zulauf riesengroß.

Jede*r von uns, die oder der sich menschlich weiterentwickeln möchte, sein Leben noch einmal von einer anderen Seite betrachten und vor allem verstehen will, sollte sich trauen, ein paar Therapiestunden zu nehmen. Denn an sich zu arbeiten und hoffentlich daran zu wachsen ist immer ein Gewinn.

5. Du verstehst deine Mitmenschen besser

Die Formel ist ganz einfach: Wer sich besser kennenlernt, versteht auch seine Mitmenschen besser.

Durch meine Therapie habe ich viel über das Menschsein an sich und die verschiedenen Strukturen innerhalb von Gemeinschaften gelernt. Ich reflektiere nicht nur mein Verhalten sehr viel stärker, sondern auch das meines Umfelds und habe begriffen, dass Menschen viele Verhaltensweisen ganz unbewusst an den Tag legen. Weil sie es nicht anders kennen, sie es so antrainiert und vorgelebt bekommen haben. Die gute Nachricht ist aber: Jede*r von uns kann auch wieder Neues lernen. Andere Menschen aktiv zu verändern funktioniert nie. Aber wenn du dich anders verhältst, beeinflusst das auch dein Gegenüber.

Während Selbstoptimierung und Achtsamkeit die neuen Buzzwords unserer Gesellschaft sind, in der wir alle nach einem besseren Leben streben, haftet der Therapie immer noch ein fader Beigeschmack an. »Probleme gibt es bei uns nicht, zur Therapie gehen nur die Schwachen, die, die nicht alleine klarkommen.« Das ist ein Trugschluss. Wer sich seinen Problemen stellt, aktiv an ihnen arbeitet und somit sein Leben vorantreibt, beweist nicht nur Achtsamkeit im Umgang mit sich und seinem Umfeld, sondern vor allem Stärke.

Dank der Therapie ruhe ich in mir, bin sehr bei mir und weiß, was ich will und was ich nicht will. Und jetzt ratet mal: Genau diese Ruhe und reflektierte Sicht auf das Leben wird von anderen an mir geschätzt. Aus meiner Krankheit habe ich also schon mindestens einen Nutzen gezogen.

Meine Therapien haben mich vieles gelehrt: mich besser kennenzulernen, auf meine Bedürfnisse zu achten und mein Leben in eine glückliche und zufriedene Richtung zu lenken. Klingt esoterisch, nicht? Findet Katja übrigens auch. Aber wir wissen ja: Katja hat nicht immer recht.

36

»Tut mir leid«, krächze ich noch in die Runde, bevor ich schleunigst in die Redaktionstoilette renne. Himmel, mir ist kotzübel. Wirklich kotzübel. Übergeben muss ich mich aber nicht. Wenigstens etwas. Der Psychiater hatte mich vorgewarnt. In den ersten Wochen könnte mir schlagartig immer wieder sehr schlecht werden. Wie so oft hatte ich das Ganze nicht allzu ernst genommen. »Ach, mit Übelkeit kenne ich mich aus«, hatte ich ihm grinsend geantwortet.

»Wirklich, Frau Wille, nicht verunsichern lassen, wenn Ihnen richtig schlecht wird.«

Jetzt, auf der Redaktionstoilette, weiß ich, was er meinte. Ob sich so auch Schwangerschaftsübelkeit anfühlt? So wie ich eben aus der Redaktionskonferenz rausgestürmt bin, höre ich meine Kolleg*innen schon tuscheln. »Ist das Morgenübelkeit?« Von meinem Medikamentenexperiment habe ich ihnen natürlich nichts erzählt.

Ich lasse kaltes Wasser über meinen Puls laufen. So schnell die Übelkeit kam, so schnell ist sie auch wieder verschwunden. Trotzdem bleibe ich noch einen Moment, lehne mich gegen die kühle Wand und genieße die Ruhe. Diese braunen Kacheln hätte man auch mal erneuern können. Plötzlich fällt mir auf, dass Katja gar nicht da ist. Ungewöhnlich. Schließlich ist es eine ungewohnte Situation. Übelkeit am Arbeitsplatz, weg vom sicheren Zuhause. Wahrscheinlich war die Übelkeit so schnell, dass die Angst nicht hinterherkam, lache ich in mich hinein. Noch ein paar Spritzer ins Gesicht, dann stoße ich wieder zur Runde.

»Geht's wieder?«, fragt mich ein Kollege.

»Ja, ja, war nur der Kreislauf«, wiegele ich ab. Alles wieder normal.

Es ist Frühling 2008, als ich das erste Mal einen Medikamentenversuch wage. Trotz meiner Ängste bin ich keine Ärzt*innen-Hopperin. Erst wenn's richtig schlimm wird, kann ich mich aufraffen, eine Praxis aufzusuchen. Auch Medikamente meide ich, kuriere mich lieber mit Ruhe und den körperlichen Selbstheilungskräften. Vielleicht gebe ich aber auch einfach ungern die Kontrolle ab.

Erst als ein Freund, der ebenfalls an einer leichten Angststörung leidet, mir von einem Medikament erzählt, mit dem es ihm besser geht, werde ich hellhörig. Warum nicht ausprobieren, denke ich. Meine Mutter ist skeptisch, ich bin es auch, trotzdem sitze ich wenige Tage später beim Psychiater, dem medizinischen Pendant zu Psychotherapeut*innen, der die medikamentöse Versorgung für seelische Erkrankungen regelt, und erzähle ihm meine Geschichte.

»Ja, da haben wir was Gutes.«

»Ähm, also bitte nichts mit krassen Nebenwirkungen. Ich will auf keinen Fall zunehmen.«

»Ja, die Sorge haben alle, wenn es um Antidepressiva geht. Aber ich sag's mal so: Wenn Sie vorher ganz normal gegessen haben, nehmen Sie nicht zwingend zu.«

»So einfach?«

»Wollen Sie gesund werden oder nicht?«

»Ja, natürlich will ich gesund werden.«

»Na, dann wäre ja ein Kilo mehr kein Problem, oder?« Natürlich hat er recht. Lieber ein, zwei Kilogramm mehr und dafür ein Leben ohne Angst. Aber im Internet hatte ich von zwanzig Kilo plus gelesen. So oberflächlich es klingen mag: Auch das würde mich nicht sehr glücklich machen. Das sage ich dem Psychiater auch. Er wiegelt ab: »Jetzt nehmen Sie das erst mal, und dann sehen wir weiter.«

Bei Antidepressiva ist die Gewichtszunahme eine der häufigsten Nebenwirkungen. Das hat mehrere Gründe. Viele Medikamente verlangsamen den Stoffwechsel, gleichzeitig steigt das Wohlbefinden der Patient*innen und somit auch der Appetit. Zudem haben die Medikamente häufig eine entspannende, beruhigende Wirkung, die zu Trägheit führen kann. Da ist die Gewichtszunahme natürlich vorprogrammiert.

Ein offenes und ausführliches Gespräch vor, während und nach der Medikamenteneinnahme kann helfen, unerwünschte Auswirkungen rechtzeitig zu erkennen und Möglichkeiten zu finden, diese so gering wie möglich zu halten. Um zu vermeiden, dass man von einem Unglück in das nächste schlittert, sollte man sich von Anfang an bewusst machen, welche Nebenwirkungen die Medikamente haben können. Dann hat man genug Zeit, sein Essverhalten dementsprechend anzupassen.

Bevor ich das Sprechzimmer verlasse, warnt mich der Psychiater noch: »Könnte sein, dass sie in den ersten Wochen eher sogar abnehmen. Denn Übelkeit sowie Schwitzen und auch Angstgefühle können verstärkt auftreten.«

Puh, will ich das wirklich? Ein Medikament, das so stark in meinen Körper eingreift? Ich will. Alles, was die Angst minimieren kann, ist mir recht. Zumal ich nicht glaube, dass das alles wirklich passieren wird.

Beim Durchlesen des Beipackzettels zwei Stunden später bin ich mir nicht mehr so sicher. »Die Nebenwirkungen treten verstärkt in den ersten Wochen der Einnahme auf. Häufige Nebenwirkungen sind gesteigerter oder verminderter Appetit, Gewichtszu- und -abnahme, Schwitzen, verminderter oder verstärkter Speichelfluss, verstärkte Träume, Kreislaufbeschwerden, Übelkeit und Erbrechen, Magenkrämpfe, Herzrasen, Herzstolpern, verminderte Libido …« Die Aufzählung der Nebenwirkungen ist endlos, meine Skepsis ebenfalls. Meine

Neugierde aber auch. Also beginne ich mit dem ersten Tropfen noch am selben Tag.

Vier Tage hintereinander muss ich aus der Redaktionskonferenz zur Toilette rennen. Zwei Wochen lang kämpfe ich mit starker Übelkeit. Ich träume wilder und schwitze nachts mein Bett nass. Ich nehme die niedrigste Dosierung eines Medikaments mit dem Wirkstoff Escitalopram, einem selektiven Serotonin-Wiederaufnahmehemmer. Es wird bei Depressionen sowie Angsterkrankungen eingesetzt und soll das hormonelle Ungleichgewicht in meinem Gehirn, das zu meinen Ängsten führt, ausgleichen. Oder einfacher gesagt: Es soll bei Angstzuständen die Ängste minimieren und den Antrieb steigern. Trotzdem hauen mich die Nebenwirkungen erst mal um. Aber einfach absetzen will ich das Medikament auch nicht. In meinen Ohren hallt noch das »Halten Sie's durch« des Psychiaters nach.

Nach den zwei Wochen spüre ich keinerlei Nebenwirkungen mehr, aber auch keine Veränderung. Außer einer: Müdigkeit. Ich könnte nun am Tag sechzehn Stunden schlafen. Kurzerhand nehme ich das Medikament nicht mehr morgens, sondern abends. Von gesteigertem Antrieb merke ich nichts, aber ich fühle mich auch nicht schlechter. Dafür nehmen die Horrorvorstellungen, die mich in Angstsituationen plagen, ab, ich bin ein wenig entspannter. Ob es am Medikament liegt, weiß ich nicht. Vielleicht gibt es mir eine Sicherheit, die ich mir selbst nicht geben kann. Mein Psychiater verschreibt mir das Medikament weiter, große Analysen finden aber nicht mehr statt.

»Na, wie geht's?«

»Ja, ganz gut.«

»Haben Sie wie befürchtet zugenommen?«

»Nein.«

»Gut, dann nehmen Sie es weiter.«

Über diesen Dialog gehen unsere Gespräche nicht mehr hinaus.

Zwei Jahre später setze ich das Medikament ab. Ich möchte es noch mal ohne versuchen. Keine Nebenwirkungen, keine sonstigen Symptome. Vielleicht ein Glücksfall, denn im Internet lese ich von schweren Entzugserscheinungen. Vielleicht verdanke ich das aber auch der Dosis, die bei mir sehr gering war. Auch im Nachhinein spüre ich keine Verschlechterung meiner Angstzustände – möglicherweise lag es also tatsächlich nicht am Medikament, dass es mir besser ging. Trotzdem hatte ich das Gefühl, dass es funktionierte.

Obwohl ich in Zukunft darauf verzichten möchte, tut es gut zu wissen, dass es sie gibt, solche Helfer, die einem das Leben leichter machen, ohne die eigene Persönlichkeit zu verändern. In all der Zeit habe ich nämlich vor allem auf diesen Punkt geachtet und deswegen auch eine niedrige Dosierung bevorzugt. Meine engsten Angehörigen habe ich gebeten, mich zu beobachten und mir Rückmeldung zu geben, falls ich mich zu stark verändere. Abstumpfen, gefühllos werden und Gleichgültigkeit gegenüber meiner Umwelt entwickeln wollte ich auf keinen Fall.

In der Zeit der Einnahme, aber auch darüber hinaus war ich ruhiger, das Ausmalen von Worst-Case-Szenarien ging zurück, ich habe mich selbst auf Entspannung konditioniert – nicht zuletzt weil das Wissen um das Medikament für mich eine Art doppelter Boden war, mir eine vermeintliche Sicherheit gab. »Mir kann nichts passieren, ich nehme ja das Medikament.« Quasi ein Placeboeffekt.

»Was, du nimmst so was Krasses?«, wurde ich oft gefragt.

»Ja, weil es mir hilft«, habe ich geantwortet.

Menschen mit Bluthochdruck nehmen jeden Tag Medikamente, andere chronische Leiden erfordern genauso eine medikamentöse Behandlung, bei schweren Krankheiten würden wir keine Sekunde zögern, die größten Gifthämmer einzuschmeißen, warum sollten wir uns nicht auch bei psychischen Erkrankungen Unterstützung holen? Schließlich – und das ist das große Missverständnis – unterscheidet sich meine Angststörung nicht so sehr von anderen Krankheiten.

»Ja, aber bei Krebs und anderen schweren Erkrankungen rettet man mit Medikamenten Leben.«

Wer depressiv ist, befindet sich manchmal in einer derart aussichtslosen Lage, dass auch sein Leben in Gefahr ist. Deshalb ist es gut, dass es Lösungen gibt. Medikamente können Leben retten oder das Leben Einzelner – wie das der Angsterkrankten oder das von Bandscheibenvorfall-Geplagten – erleichtern.

Genauso wie eine Therapie und ein stabiles Umfeld können auch Medikamente eine Zeit lang Erleichterung bringen. Den Kern des Problems löst es nicht, aber es kann die aktuelle Situation verbessern.

37

»Und wenn es mal ganz schlimm ist, habe ich hier noch was für Sie.« Aufmunternd schiebt mir der Psychiater an diesem heißen Sommertag im August 2008 bei einer unserer Sitzungen einen Blister Tabletten über den Tisch. Ich stehe kurz vor meinem Studium, mein redaktionelles Volontariat ist beendet. Zwei Therapien habe ich mehr oder weniger erfolgreich abgeschlossen, und inzwischen versuche ich es neben der regelmäßigen Konfrontation mit unterstützenden Medikamenten. Einen Versuch ist es wert, nicht?

Die Sonne strahlt mir ins Gesicht, als ich die Tabletten zögerlich entgegennehme. »Was ist das?«, frage ich.

»Benzodiapezine.«

»Das sind doch Drogen!?«, rufe ich entsetzt. Ich, die ich noch nie in meinem Leben Drogen genommen habe und auch Alkohol nur in Maßen trinke, bin erschrocken. »So was nehme ich nicht. Ich will auf keinen Fall ausgeknockt werden und irgendwo hilflos sitzen.«

»Also, wer hat Ihnen denn diese Schauermärchen erzählt?«

Das Internet, möchte ich fast sagen, aber ich verkneife es mir. Bei meinen Recherchen über mein Antidepressivum bin ich auch auf dieses Notfallmedikament gestoßen. Innerhalb von fünfzehn Minuten kann es bei schlimmen Angstzuständen und Panikattacken wirken, es beruhigt und macht müde, gleichzeitig ist die Einnahme nicht ohne. Wer dieses Beruhigungsmittel mehr als vierzehn Tage am Stück nimmt, kann eine körperliche wie psychische Abhängigkeit entwickeln, auch die Toleranzgrenze wird mit der Zeit höher. Wie bei Drogen. Mich schaudert es.

»Sie sollen das ja nicht wie Gummibärchen essen«, sagt der Psychiater an seinem opulenten Schreibtisch. »Sehen Sie's doch mal so: Müssen Sie zum Beispiel irgendwohin fliegen, stecken Sie die Tabletten ein, und wenn's ganz schlimm wird, nehmen Sie sie. Manchmal hilft's auch schon zu wissen, dass Sie das kleine Helferlein in der Handtasche haben.«

Sprechen so auch Dealer*innen mit ihren Kunden*innen? Ich bin mir nicht sicher, Erfahrungswerte habe ich keine. Ich weiß nur, dass mein Therapeut das Ganze sicher kritischer sieht. Aus Höflichkeit packe ich den Blister trotzdem ein. »Danke, ich werde berichten.«

Ein Jahr lang schlummern die Tabletten in einer Ecke meines Zimmers, bis tatsächlich eine Flugreise mit meiner Mutter und meiner Schwester ansteht. Ich bin gar nicht groß aufgeregt, im Kreise meiner Familie traut sich Katja kaum, sich zu Wort zu melden. Trotzdem nutze ich die Gelegenheit, die Wirkung der Benzodiapezine auszuprobieren. Meine Familie ist eingeweiht. Fünf Minuten nach der Einnahme gucken mich vier Augen erwartungsvoll an. »Und?«

»Nichts.« Ich zucke mit den Schultern.

Ich hatte mir vorgestellt, innerhalb von Minuten wahnsinnig müde zu sein, meine Augen nur noch schwer offen halten zu können und keinen geraden Satz mehr zustande zu bringen. Stattdessen quasseln wir den ganzen Flug über, ich steige entspannt aus, von der S-Bahn in die U-Bahn und freue mich auf das Abendessen unter den Frühlingsbäumen in Paris. Mit Blick auf Montmartre genießen wir den ersten Abend in der französischen Hauptstadt.

»Hast du jetzt eigentlich irgendwas gespürt?«, fragt mich meine Schwester.

»Ich bin mir nicht sicher, ich bin vielleicht ein bisschen ruhiger, aber um ehrlich zu sein, fühle ich mich nicht anders als sonst.«

Als wir abends im Hotelzimmer sind, falle ich müde ins Bett und schlafe innerhalb weniger Minuten ein. Eine Seltenheit an fremden Orten. Ich denke, die Beruhigungstablette hat mich in den Schlaf gewiegt.

Auf dem Rückflug verzichte ich auf eine weitere Tablette, auch hier bin ich entspannt und freudig erregt. Einen großen Unterschied merke ich nicht.

Trotzdem wird das Beruhigungsmittel zu meinem Notanker. Bis heute weiß ich nicht, ob die Tablette wirklich wirkt oder ich nach der Einnahme einfach entspannter bin, weil ich überzeugt bin, dass mir nun kein Besuch von Katja mehr drohen kann.

Die Einnahme bleibt dennoch eine Seltenheit. Meine Ehrfurcht und mein Respekt vor solchen Medikamenten sind weiterhin groß. Obwohl mein Psychiater mir riet, sie bei akuten Panikanfällen zu nehmen, habe ich das nie getan. Vielleicht hätte ich dann einen größeren Effekt bemerkt, gespürt, wie die Ruhe die Panik ablöst. Aber damit hätte ich auch die Gefahr, mich abhängig zu machen, erhöht. Stattdessen habe ich nur wenige Male und immer nur präventiv eine Tablette eingenommen – wenn wichtige Jobs anstanden, ich funktionieren wollte und die Sorge hatte, Katja könnte mir einen Strich durch die Rechnung machen. Mit der Sicherheit der Tablette, die mir den Rücken stärkte, konnte ich mich auf meinen Job konzentrieren.

Bis heute habe ich immer ein kleines Tabletten-Blisterchen im Geldbeutel. »Das ist okay«, meint mein Therapeut Peter Ibbetson. »Sie sind niemand, bei dem ich Tablettenmissbrauch befürchte.«

Ich lache laut auf. »Nein, wirklich nicht. Mein Kontrollwahn sorgt schon dafür, dass ich es nur nehme, wenn es wirklich sein muss.«

»Das denke ich auch.«

Seine Sorge ist nicht ganz unberechtigt. Gerade Menschen mit Angsterkrankungen können schnell in eine Suchtspirale geraten, wenn sie Mittel und Wege finden, die die Ängste und die Panik abschwächen. Zumal das Gläschen Sekt, das man rasch runterkippt, wenn man nervös ist oder sich nicht wohlfühlt, gesellschaftlich völlig akzeptiert ist. Die Angst zu betäuben ist eben häufig der einfachere Weg.

»Verrückte Welt, nicht?«, sage ich zu meinem Therapeuten. »Ich möchte trotzdem, dass Sie weder das eine noch das andere zu häufig tun.«

»Versprochen.«

38

»Haben Sie eigentlich schon einmal darüber nachgedacht, in eine Klinik zu gehen?«, fragt mich Peter Ibbetson zum Ende der Sitzung.

Klinik? Ich? Hektisch krame ich in meiner Tasche, ich muss einen Schluck trinken. »Nein«, sage ich und weiche seinem Blick aus.

»Warum nicht?«

Himmelherrgott, was will der denn jetzt? Vor meinem inneren Auge sehe ich Angelina Jolie und Winona Ryder in weißen Hemdchen durch leere Klinikgänge laufen. Aus den umliegenden Zimmern hört man Schreie, und in Sesseln sitzen Menschen, die starr vor sich hin blicken. Ich antworte mit einer Gegenfrage: »Meinen Sie denn, ich sollte?«

»Na ja, in einer Klinik arbeitet man sehr intensiv. Intensiver als wir es hier von Woche zu Woche machen.«

Er meint es ernst. Ich schmeiße meinen Verteidigungsmodus an. Denn wenn ich eines weiß, dann ist es, dass ich in keine Klinik gehen werde. »Ich mache seit Jahren Therapie, ich kenne mein Problem und arbeite jede Woche mit Ihnen an dem Kern des Ganzen, dazu noch privat. Meinen Sie wirklich, eine Maltherapie wird mir die Lösung meiner Probleme bringen?«

Jetzt weicht Herr Ibbetson ein Stück zurück. Diesen Gegenwind hat er nicht erwartet. »Das ist interessant, warum reagieren Sie denn so ablehnend bei dem Thema?«

Gut, wir analysieren also jetzt meine Ablehnung. Ich nehme einen Schluck Wasser, dann lehne ich mich im Sessel zurück. Kann er haben, denke ich. Mein Siegeswille in Sachen Klinik ist geweckt. »Ich glaube einfach, dass mich eine Klinik nicht weiterbringt. Ich habe ein starkes Umfeld, einen guten Job und tolle Freunde. Ich kenne alle Facetten meiner Erkrankung und auch die Lösungsansätze. Ich kann mir nicht vorstellen, dass ich in einer Klinik noch irgendwas Neues lernen könnte.« Zufrieden atme ich durch. »Ach ja, und ich will eigentlich auch nicht von verschiedenen seelisch Erkrankten umgeben sein.« Das ist mir so rausgerutscht. Ich, die Toleranz gegenüber Menschen – und vor allem seelisch Erkrankten – predigt, scheue die Begegnung. Aber zahlreiche Psychiatriedokumentationen haben mich geprägt. »Ich kann mir einfach nicht vorstellen, als leicht Angsterkrankte neben suizidgefährdeten Menschen und Paranoiapatienten zu schlafen.« Während ich den Satz ausspreche, schäme ich mich schon dafür. Aber ich meine es ernst, ich habe tierische Angst, von kreischenden Menschen in weißen Hemden umgeben zu sein.

Mein Psychotherapeut lacht. Er lacht mich aus. »Sagen Sie mal, was für eine Vorstellung haben Sie denn von einer Klinik?«

»Na ja, so wie es halt in Dokumentationen und Filmen ist. Meine größte Sorge ist, dass ich irgendwann aus Verzweiflung auf so einer Station lande, wo alle Menschen nur mit Medikamenten ruhiggestellt werden und nicht mehr wissen, wer sie wirklich sind. Oder dass ich, wenn ich erst einmal in der Klinik bin, nie wieder selbst bestimmen kann, wann ich raus darf. Wie in einer richtigen Irrenanstalt halt.« Ich blicke ihn ernst an.

Doch mein Therapeut lacht noch immer. »Von einer geschlossenen Abteilung in einer Psychiatrie sind Sie meilenweit entfernt, die würden Sie nicht einmal aufnehmen.« Irritiert sehe ich ihn an. »Sie sind kein Fall für die Psychiatrie.«

Oh, ein Kompliment. Ich bin also ein leichter Fall. Aber gerade eben wollte er mich doch noch in eine Klinik stecken.

»Auf solchen sogenannten Akutstationen werden Menschen aufgenommen, die gerade mit sehr starken seelischen Problemen zu kämpfen haben. Die Suizidgedanken hegen, Psychosen entwickelt haben oder auch einfach akut dringend Hilfe benötigen. Solche Stationen sind wichtig, sie retten Leben und helfen, wenn man in einer Notlage ist. Sehen Sie es wie eine Notfallambulanz für seelische Verletzungen und Erkrankungen. Aber: Auch die haben nichts gemein mit den Bildern, die Sie aus Filmen kennen.«

»Und da soll ich nicht hin?«

»Nein.« Ich bin beruhigt. »Ich dachte eher an eine psychosomatische Klinik, eine Klinik, in der sie eine Art Kur machen, mit anderen angsterkrankten Patienten sprechen und intensiver an Ihren Ängsten arbeiten.«

Ich verstehe. Trotzdem zieht sich alles in mir zusammen. »Um ehrlich zu sein, möchte ich das nicht. Nicht, wenn es nicht notwendig ist.« Als Angstpatientin fällt es mir eh schon schwer, mein gewohntes Umfeld zu verlassen, ein Klinikaufenthalt – und sei es in einer noch so schönen Umgebung – wäre mein wahr gewordener Albtraum.

»Das verstehe ich«, sagt mein Psychotherapeut. »Lassen Sie es uns nur als Option im Kopf behalten, falls es mal hilfreich wäre. Und bitte löschen Sie die altmodischen Horrorbilder von Psychiatrie und Klinik aus Ihrem Kopf.«

»Na gut.« Ich schmunzele. Keine Klinik für mich. Erleichtert verlasse ich die Praxis.

Die endgültige Entscheidung gegen einen Klinikaufenthalt treffe ich zusammen mit meinem Therapeuten in mehreren Gesprächen. Den Ausschlag gibt dabei vor allem die Tatsache, dass dort gerade bei Angsterkrankungen der Fokus auf die Verhaltenstherapie gelegt wird, ich alle Werkzeuge dafür aber bereits an der Hand habe und diese Form der Therapie für mich auch nicht immer funktioniert hat.

Ich kenne aber durchaus Menschen, vor allem solche, die mit Depressionen kämpfen, die eine psychosomatische Klinik besucht haben und es immer wieder tun würden. Die dort eine großartige Zeit hatten, viel über sich gelernt haben und die Klinik gesünder verlassen konnten, als sie sie betraten. Hier hilft die Abstimmung mit dem Therapeuten, der Hausärztin und natürlich auch zu eruieren, wie akut die Seele gerade Hilfe benötigt.

Bei meinem letzten Tiefpunkt 2018 riet mir Herr Ibbetson noch mal zu einem Klinikaufenthalt. Ich entschied mich erneut dagegen, auch wegen meiner beruflichen Situation als Freiberuflerin. Nicht unbedingt zur Freude meines Psychotherapeuten. Neun Monate nach dem Tiefpunkt und viele Therapiestunden später gab er zu: »Ich hätte nicht gedacht, dass wir es ohne Klinik schaffen. Aber Ihre Resilienz und Ihr Umfeld sind stärker, als ich erwartet habe. In diesem Fall hatten Sie recht. Sie brauchen keine Klinik.«

Mein Bauchgefühl hat also nicht getrogen. Ich habe es ohne Klinik geschafft. Aber keineswegs allein. Meine Familie und meine Freund*innen waren an meiner Seite. Ein starkes Netz von Vertrauten und ein starker Wille können manchmal ausreichen, Krisen zu überwinden – müssen sie aber nicht. Dann ist es gut, wenn es noch weitere Anlaufstellen gibt.

Die Option eines Klinikaufenthalts zu haben finde ich wichtig. Auch wenn ich immer noch hoffe, diesen Schritt auch in Zukunft vermeiden zu können, versuche ich doch, es wie die Sache mit den Medikamenten zu sehen. Welche Hilfe man annimmt, ist ganz individuell, und man sollte immer auf sein Gefühl hören. Gleichzeitig ist es kein Versagen, sich eine Auszeit in einer Klinik zu gönnen. Schmerzt unser Blinddarm, gehen wir schließlich auch ins Krankenhaus.

Ich bin froh, dass es eine solche Möglichkeit gibt.

39

Ich schlage meine Augen auf. Das Licht ist grell, blinzelnd blicke ich mein Gegenüber an.

»Und, wie war es? Was haben Sie gesehen?«

Ich räuspere mich, rutsche in dem weichen Ledersessel wieder ein Stück nach oben. Soll ich das jetzt wirklich sagen? Na gut: »Also, na ja, da war ein großer Pandabär.« Während ich den Satz ausspreche, bin ich mir gar nicht mehr so sicher, ob ich hier richtig bin.

Die Hypnotherapeutin sieht mich an, runzelt die Stirn. »Na gut, also ein Pandabär. Möglicherweise strahlt dieser Sicherheit auf Sie aus.« Aufmunternd lächelt sie mich an. Ich soll weitersprechen.

»Also ja, da war ein großer, dicker Panda. Und dann noch ein Arbeitskollege.« Ich versinke wieder in den Sessel.

»Oh, das ist spannend. Was für ein Arbeitskollege?«

Ich räuspere mich. »Na ja, mit dem arbeite ich gar nicht so eng zusammen, er ist nur auch im Team.«

»Wie ist er denn so?«

»Ruhig. Ausgeglichen, würde ich sagen. Er wirkt nie gestresst.«

Die Hypnosetherapeutin strahlt mich an. »Na, da haben wir es doch. Ihr Kollege strahlt die Ruhe aus, die Sie sich in Ihren Angstsituationen wünschen.«

Irritiert blicke ich die Mittfünfzigerin an. Ich bin mir nicht sicher, ob ich nicht vielleicht doch bei der versteckten Kamera gelandet bin. Dieser Enthusiasmus. Entweder sie liebt ihren Job wirklich extrem oder wir sind in einer TV-Show. Um sicherzugehen, frage ich: »Und was ist mit dem Panda?«

»Na, der ist weich und kuschelig und Sie fühlen sich mit einem großen Panda an Ihrer Seite sicher.«

Ich muss mich anstrengen, nicht laut loszuprusten. »Okay«, sage ich lächelnd.

»Ja, in der nächsten Angstsituation denken Sie einfach mal an den Panda – und an Ihren Kollegen.«

Einen Versuch ist es wert, nehme ich an. Ich strecke mich und erhebe mich. Meine erste Hypnosesitzung war so anders als erwartet.

»Danke, vielen Dank«, sage ich, drücke der kleinen Frau mit den grauen Haaren die Hand und verlasse das Haus – mit einem riesigen Panda im Schlepptau.

In einer Talkshow hatte ich irgendwann eine Frau gesehen, die an einer Angststörung litt. Ihr Leben war zum Stillstand gekommen, jeder Schritt aus dem Haus eine Qual. Doch sie hatte es geschafft, die Krankheit zu besiegen. Nicht durch ständige Konfrontation, durch Jahre der Therapie, sondern durch Hypnose. Mehrere Sitzungen bei einer Hypnosetherapeutin hatten ihre Ängste gelöst. »Heute verlasse ich das Haus und reise durch die Welt«, hatte sie dem Talkmaster strahlend berichtet. Ich klebte an der Mattscheibe und strahlte ebenfalls.

Hypnose. Könnte das die Lösung für mein Problem sein? Wenn das bei einem so »harten Fall« geklappt hatte, sollte ich das doch auch mal ausprobieren, nicht?

Es klang verlockend. Einfach ein paar Sitzungen, und anschließend wäre die Angst passé. In Gedanken winkte ich Katja schon zum Abschied, während ich im Internet nach anerkannten Hypnosetherapeut*innen suchte.

Denn Hypnosetherapeut*in ist nicht gleich Hypnosetherapeut*in. Wer Hypnose googelt, trifft auf zahlreiche Hypnoseexpert*innen, die beispielsweise versprechen, dass man nach einer einzigen Sitzung zwanzig Kilogramm abnehmen oder nie wieder eine Zigarette anrühren wird. Mich hatte die Geschichte der Frau in der Talkshow zwar gepackt, mein Realitätssinn sagte mir aber, dass eine Stunde Hypnose Katja sicher nicht vertreiben würde.

Nach Stunden der Suche stieß ich endlich auf eine seriöse Hypnosepraxis. Schnell war die E-Mail geschrieben, und nur ein paar Tage später saß ich in jenem April 2016 vor der Hypnosetherapeutin und schilderte ihr meine Symptomatik. Nach kurzen Zwischenfragen gab sie mir eine erste Einschätzung: »Ich würde sagen, wir brauchen so acht Sitzungen, vielleicht auch ein paar mehr.«

Ich schluckte. Denn billig ist die Hypnosetherapie nicht – und die Krankenkasse übernimmt die Kosten leider nicht.

»Und danach bin ich angstfrei?«

Die freundliche Frau mir gegenüber seufzte. »Angstfrei wahrscheinlich nicht sofort, aber Sie werden Methoden und Mittel haben, die Sie langfristig durchs Leben bringen. Am Ende kommt es aber auch immer darauf an, wie gut Sie sich auf die Hypnose einlassen können.« Ich nickte.

Eine Woche später sitze ich also im Ledersessel und berichte vom dicken Panda und meinem Arbeitskollegen. Meine Aufregung ist verflogen. War ich anfangs noch verunsichert durch die Horrorgeschichten, die ich über Hypnose gehört hatte, fühle ich mich nun entspannt. Hier hüpft niemand als Huhn durch den Raum, wie in dem Fernsehformat, das ich vor langer Zeit mal gesehen hatte. Auch wenn ich nicht weiß, was mir der Panda und mein Arbeitskollege sagen sollen, war das Erlebnis in erster Linie eines: angenehm.

»Wie haben Sie sich denn während der Hypnose gefühlt?«

»Gut, sehr entspannt, es hat sich eher wie eine tiefe Meditation angefühlt.«

»Sehr gut, ich habe schnell gemerkt, dass Sie sich drauf einlassen konnten. Auch das meditationsähnliche Gefühl ist nicht ungewöhnlich«, sagt die Therapeutin aufmunternd.

»Was mache ich jetzt bis zur nächsten Stunde?«

»Ich gebe Ihnen die Hypnosesitzung mit, ich habe meine Worte aufgenommen, und Sie können sie zu Hause immer wieder wiederholen, tatsächlich wie eine Meditation. Je öfter Sie sich darauf einlassen, umso leichter wird es.«

Ich war noch ein paarmal bei der Hypnosetherapeutin. Die Stunden taten mir gut, ich war danach entspannt. Die Sitzung bildete jedes Mal eine wirksame Auszeit vom hektischen Alltag, den ich danach wieder viel leichter und ausgeglichener meisterte.

Angstfrei bin ich – wie vermutet – bis heute nicht. Ob Hypnose wirklich so tief sitzende Ängste wie meine Traumata lösen kann? Ich weiß es nicht. Aber die Besuche bei der Hypnosetherapie waren der Beginn eines anderen Umgangs mit Katja. Weg von der ständigen Konfrontation und Überforderung hin zu einem liebevollen, achtsamen Umgang. Und vielleicht auch zu einem angstfrei(er)en Leben.

40

Meinem Therapeuten Peter Ibbetson verriet ich nichts von meinen Abwegen. Hypnose, ob er da nicht den Kopf schütteln und mich endgültig für verrückt erklären würde? Also blieb es mein kleines Geheimnis, bis ich mich in einer Therapiestunde verplapperte. »Ja, und seit Neuestem meditiere ich auch immer, dank der Hypnose fällt es mir jetzt viel leichter.« Huch, ich kann meinen Mund eben doch nicht halten.

»Hypnose?«, hakte mein Therapeut nach.

»Ähm ja, also …« Ich wurde rot. Ich spürte förmlich, wie sich hektische Flecken auf meinem Hals bildeten. Nervös zupfte ich an meinen Haaren.

»Ich habe prinzipiell nichts dagegen.«

Jetzt war ich die Überraschte. »Wirklich?«

»Ja natürlich, alles, was Ihnen hilft, einen liebevollen Umgang mit Ihren Ängsten zu finden, ist erst mal gut.«

»Puh, ich dachte, Sie halten das vielleicht für – wie soll ich sagen – für Hokuspokus?«

»Na ja, solange Sie zu keinem Show-Hypnotiseur gehen, ist doch alles gut. Gehen Sie nicht, oder?« Er lachte.

»Nein, nein«, grinste ich zurück.

»Was machen Sie denn sonst noch so, um Stress abzubauen?«

Bis zu der Erkenntnis, dass Stress meine Ängste begünstigt und ich auch wirklich Stress habe, war es ein langer Weg. Ich stelle sehr hohe Ansprüche an mich selbst und kann besonders gut unter Druck arbeiten. Als Freiberuflerin, die große Freude an ihrer Arbeit hat, fiel es mir lange nicht auf, dass ich zu viel machte. Einfach weil mir das, was ich tat, so viel Spaß bereitete. So nahm ich immer noch einen weiteren Auftrag an, weil er mehr finanzielle Freiheit und Sicherheit schuf und die Aufgabe oft einfach zu verlockend war. Ich arbeitete also tage- und wochenlang mit einem schier unglaublichen Pensum und bemerkte den unschönen Nebeneffekt – dass ich unterbewusst unter großer Anspannung stand – gar nicht. Es war eine andere Art von Stress als bei jemandem, der in einem unliebsamen Job seine Stunden abarbeitet, dennoch: Ich war gestresst. Zumal Stress sehr individuell ist und jeder Mensch unterschiedlich darauf reagiert. Ich habe ihn viel zu lange ignoriert und einfach weitergemacht. Bis Katja auftauchte und mich ausbremste. Von selbst hätte ich wohl nie kürzergetreten. Im Umkehrschluss bedeutet das bis heute, dass Katja daheimbleibt, wenn ich gut auf mich achtgebe und mein Stresspensum niedrig halte. Dann brauche ich keine Aufpasserin.

Dass Katja meine Aufpasserin und nicht zwingend meine Feindin ist, musste ich auch erst lernen. Sie ist quasi mein Stresssymptom, wenn ich überfordert bin. Andere können nicht schlafen, haben Schweißausbrüche oder Herzrasen, fühlen sich matt und deprimiert, ich bekomme bei Stress in Alltagssituationen Angst.

Wer beruflich erfolgreich ist und viel arbeitet, hat sowieso schon viel Stress. Kommt dann noch, wie in meinem Fall, die ständige Konfrontation mit der Angst – das permanente Verausgaben im Alltag – hinzu, forderte das zusätzlich seinen Tribut. Wer sich immer wieder Herausforderungen stellen muss, die für die meisten anderen Menschen gar keine sind, setzt auf den normalen Stress noch eins drauf.

»Sie sind im Stresshamsterrad gefangen«, sagte mein Therapeut irgendwann. Mein Angstlevel sei so hoch, dass die Konfrontationen im Alltag kontraproduktiv seien. »Wir müssen Ihr Angstlevel erst einmal runterfahren, Sie quasi auf Normalzustand einpendeln, damit Sie wieder die Kraft haben, sich Angstsituationen zu stellen.«

In der Folge bedeutete das: erst mal keine Konfrontation mehr, wenn ich keine Kraft dafür hatte. Lieber schonen statt herausfordern. Lieber einmal mehr auf mich und Katja hören, statt sie zu ignorieren, und an Methoden arbeiten, die den Stress in meinem Leben – sei er beruflicher oder privater Natur – verringern.

Das Wissen allein, dass ich mich nicht mehr ständig konfrontieren muss, wenn mir in dem Moment gar nicht danach ist, war schon eine immense Erleichterung. Jahrelang hatte ich mich nicht nur beruflich gefordert, sondern eben auch in Sachen Angst. Einknicken, mir Ruhe gönnen gab es nicht. Schließlich hatte ich in der Verhaltenstherapie gelernt, dass man sich immer seinen Ängsten stellen muss.

Mein jetziger Therapeut fügte als Psychoanalytiker dieser Haltung eine wichtige Einschränkung hinzu: »Wenn die Kraft dafür da ist und alle weiteren Voraussetzungen stimmen.« Ohne das richtige Fundament und die richtige Ausrüstung lässt sich halt auch kein Gipfel erklimmen. »Sie müssen erst mal wieder eine Verbindung zu sich finden, auf sich und Ihren Körper hören und sich dann aus der Freiwilligkeit heraus den Angstsituationen stellen. Alles, was unter Zwang geschieht, führt nur zu noch mehr Stress.«

Also einigten wir uns darauf, dass ich mich nur noch dann herausfordern soll, wenn ich es aus vollem Herzen will. Mich den Ängsten stellen, wenn es für mich sinnvoll ist und ich mich voll und ganz bereit fühle – ein Ansatz, der mir gefällt. Nicht mehr sinnfrei einfach mal so das U-Bahn-Netz abfahren, sondern nach meinen Wünschen und Sehnsüchten, vor allem aber auch nach meinen Kapazitäten arbeiten. Die Konfrontation im Blick haben und immer wieder suchen, aber mit den eigenen Kräften haushalten.

Dass dieses Vorgehen für mich das richtige ist, merke ich

täglich. Denn die Konfrontationstherapie ist gerade am Anfang einer Angststörung sinnvoll. Dann, wenn sich Ängste noch nicht so manifestiert haben oder direkt an Angstsituationen geknüpft sind. Bei mir hatte die Angst aber eine bestimmte Funktion übernommen, war ein Schutzmechanismus geworden, den ich mir bereits als Kind antrainiert hatte. Die reine Konfrontation führte bei mir langfristig zu Überforderung und einem massiven Anstieg an Stress. Bis nichts mehr ging und Katja das Zepter in die Hand nahm.

Also Stressreduktion.

»Ich meditiere seit der Hypnosetherapie, ich mache Yoga und auch Sport und bin generell achtsamer mit mir«, berichtete ich meinem Therapeuten.

»Haben Sie das Gefühl, es hilft?«

»Ja, wenn ich auch dabei auf mich höre. Auch die Stressreduktion darf nicht von meinem Erfolgsehrgeiz überrannt werden.«

»Das heißt?«

»Wenn beispielsweise der Sporttermin zum Stress wird, weil mein Tag sowieso schon anstrengend ist, lasse ich es lieber.«

»Ich denke, Sie sind auf einem guten Weg.«

41

Als ich nach einem stressigen Tag nach Hause komme und mich ausgelaugt aufs Sofa fallen lasse, sitzt sie schon im Sessel neben mir. Gelangweilt blättert sie mit ihren hageren Fingern durch eines meiner zahlreichen Bücher gegen Angst und Panikattacken. Bei einer Seite bleibt sie hängen. »›Sprechen Sie gegen die Angst an.‹ Glaubst du, das hilft wirklich?«, fragt Katja mich mit spöttischer Stimme.

»Ja«, seufze ich genervt und lasse mich auf dem Sofa zurücksinken. Ich schließe die Augen und sage mehr zu mir als zu ihr: »Du bist gar nicht da. Es kann mir nichts passieren.« Mein Atem wird gleichmäßiger, ich bin müde und will nur meine Ruhe. Als ich meine Augen wieder öffne, sitzt Katja mir immer noch gegenüber. Ihre Augen sind weit aufgerissen, ihr Mund ist zu einem grässlichen Grinsen verzerrt.

»Himmel, du glaubst wirklich, dass das funktioniert! Was bist du bloß für ein Dummerchen!« Ihr lautes Lachen schallt mir entgegen, die Nervosität des Tages entlädt sich, ich fühle mich schwach. Ich schließe wieder meine Augen in der Hoffnung, dass Katja dann verschwindet. Doch immer noch höre ich das leise Blättern der Seiten und hämisches Stöhnen. Meine Bücher scheinen Katja nicht zu überzeugen.

42

Was ich in all den Jahren meiner Angsterkrankung gelernt habe, ist, dass man vieles von dem, was Katja sagt, nicht allzu ernst nehmen sollte. Sie will mich sicherlich an so manchen Tagen warnen, aber natürlich will sie auch bleiben, mich an den Haaren packen und so richtig schön zum Zittern bringen. Anders als ein schöner Horrorfilm-Schauer ist das meistens so unangenehm, dass ich unglaublich gern darauf verzichten würde.

Glücklicherweise – und da wären wir wieder beim Thema »Nicht alles, was Katja sagt, stimmt« – gibt es eben doch ein paar Tricks, die sie verstummen lassen, kleiner machen und manchmal sogar in die Flucht schlagen. Auch wenn Katja gerne das Gegenteil behauptet.

Über die Jahre habe ich vieles ausprobiert, manches funktioniert im Anfangsstadium der Angst, manches kann man jederzeit anwenden, anderes wirkt präventiv. Hier gilt: ausprobieren und gucken, mit welchen Waffen du deine Angst für den Moment am besten schlagen kannst. Vieles hilft übrigens auch in »normalen« Stresssituationen, bei nervöser Unruhe oder Anspannung im Allgemeinen.

Mein Erste-Hilfe-Kit – oder Dinge, die du tun kannst, wenn die Angst sich meldet:

1. Wasser oder Minze

Simpel, aber effektiv. In akuten Angstsituationen hilft es mir, immer eine Wasserflasche dabeizuhaben. Kriecht die Übelkeit langsam hoch und fällt mir das Schlucken und Atmen schwer, trinke ich einen Schluck und konzentriere mich auf die kühle Frische des Wassers. Ebenfalls hilfreich: etwas Scharfes essen. Minzebonbons, Ingwer oder sogar Chilischoten lenken das Nervensystem ab – der Körper muss auf die Schärfe reagieren, die Angst pausiert.

2. Schreibe deine Gedanken auf

Ob bei negativen Gedanken oder in akuten Angstsituationen: Häufig schreibe ich auf, was mir gerade durch den Kopf schießt. Damit lenke ich den Fokus weg von der angstbesetzten Situation, hin zu einer Beschäftigung, die mich für den Moment ablenkt. Außerdem hilft es mir, im Nachhinein zu sehen, welche Gedanken mich während der Angstsituation umgetrieben haben, zu erkennen, dass viele der Befürchtungen nur meiner Fantasie entsprungen sind und nichts davon eingetreten ist, sondern ich die Situation gut durchgestanden habe. Auch kann ich mir so gute Mantras überlegen, die ich in der nächsten Angstsituation leise vor mich her sage und wie einen Schutzschild zwischen mich und die angsterregenden Gedanken stelle.

3. Atmen, atmen, atmen

Die U-Bahn ruckelt, sie bleibt im Tunnel stehen. Mein Herz stockt, Hilfe! Mein Körper verspannt sich, Übelkeit steigt auf. Ich zittere, atme ganz flach, bin kurz vorm Hyperventilieren. Bevor ich umkippe, versuche ich, mich ganz auf meinen Atem zu konzentrieren und bewusst tief ein- und wieder auszuatmen. Dadurch werde ich automatisch ruhiger, denn wer kontrolliert und langsam atmet, gibt seinem Körper das Signal zur Entspannung.

Wenn du gut vorbereitet sein willst, solltest du bestimmte Atemtechniken auch in Momenten der Ruhe üben. Ich atme in angespannten Situationen nach dem Prinzip der 4711-Atemregel. Dabei atme ich vier Sekunden tief durch die Nase ein und sieben Sekunden wieder durch den Mund aus. Indem ich durch die Nase atme, atme ich automatisch ruhiger und länger. Das Ganze wiederhole ich elfmal. Danach bin ich entspannter. Wenn nicht, gibt's eine Wiederholung.

Eine andere Atemtechnik ist die 478-Methode. Auch sie unterstützt den Körper, sich zu beruhigen und zu entspannen. Hier atmest du vier Sekunden durch die Nase ein und zählst dann, den Atem anhaltend, bis sieben. Anschließend atmest du acht Sekunden lang wieder aus. Das wiederholst du mehrfach, bis du dich wieder ruhiger fühlst. Durch das Anhalten des Atems kann der Sauerstoff in der Lunge zirkulieren und so deinen ganzen Körper versorgen. Die Folge: Dein Körper entspannt. Die 478-Methode stammt aus der Yogapraxis und zählt zu den bekanntesten natürlichen Beruhigungsmethoden. Auch bei Schlafproblemen kann diese Technik helfen.

4. Höre deine Lieblingsmusik

Du hast einen Song, der dich immer wieder runterbringt? Wunderbar! In akuten Angstsituationen oder Momenten der inneren Unruhe kann es helfen, die Umgebung für einen Moment auszuschalten, das Lieblingslied anzumachen und die Augen zu schließen. Dabei atmest du regelmäßig tief ein und aus und bist schnell zumindest ein bisschen entspannter.

Ich persönlich höre in solchen Momenten auch wahnsinnig gerne Podcasts oder Hörspiele. Es beruhigt mich, den Stimmen zu lauschen, und lässt mich in akuten Angstsituationen die lauten, trubeligen Geräusche der Umgebung ausblenden.

5. Such dir eine positive Ablenkung

Ich weiß, in Angstsituationen heißt es oft Augen zu und durch, trotzdem kann ein bisschen Ablenkung helfen, die Gedankenspirale zu durchbrechen und die angstbesetzte Situation leichter zu machen oder die innere Unruhe zu lindern. Such dir also eine positive Ablenkung, die dir guttut und dich entspannt.

In Momenten der inneren Unruhe gehe ich gerne in die Badewanne, höre Podcasts, lese oder spaziere an der frischen Luft. Körperliche Bewegung hilft mir, die Nervosität abzuschütteln. Auch Spiele auf dem Handy wie Sudoku oder Tetris haben mir in brenzligen Situationen schon geholfen. Manchmal reicht aber auch eine WhatsApp von eine*m*r Freund*in, und schon sind die Gedanken woanders.

In angstbesetzten Situationen spreche ich gerne mit anderen Leuten. Ich bin kommunikativ, und mir hilft es, nicht alleine zu sein. Also suche ich beispielsweise in der voll besetzten U-Bahn im Tunnel das Gespräch. Manchmal ergibt sich daraus eine so spannende Unterhaltung, dass ich zeitweise vergesse, wo ich gerade bin.

Ist die Situation ganz schlimm oder bin ich so nervös, dass ich kurz davorstehe, Angst zu bekommen, spreche ich meine Sorgen aus. »Es könnte sein, dass mir schlecht wird, da ich enge Räume nicht so gut aushalte. Mir hilft es zu reden.« Das offen zu sagen nimmt wahnsinnig viel Druck von mir, ich habe nicht mehr den Anspruch, unbedingt funktionieren zu müssen. Außerdem haben die meisten Menschen Verständnis, wollen helfen und sind interessiert – oder: fühlen sich verstanden, weil es ihnen ähnlich geht.

6. Progressive Muskelentspannung – oder auch Bewegung

Die progressive Muskelentspannung nach Edmund Jacobson ist eine bekannte Methode, mit der man kurzfristig Entspannung im ganzen Körper erlangen kann. Bei dieser Methode spannt man verschiedene Muskelgruppen an, hält diese Spannung und löst sie nach ein paar Sekunden wieder. Ziel ist es, die generelle Muskelspannung zu senken. Wer regelmäßig progressive Muskelentspannung übt, lernt, durch das gezielte An- und Entspannen der Muskeln nach und nach Entspannung herbeizuführen. Das führt dazu, dass Unruhe und Erregung wie Herzklopfen, Schwitzen und Zittern bewusst verringert werden können.

Es gibt zahlreiche Apps und Kurse zur progressiven Muskelentspannung nach Edmund Jacobson. Dabei ist es wichtig, im entspannten Zustand zu üben, damit man die Tools dann in der Angstsituation anwenden kann.

Mir tut es grundsätzlich auch gut, mich bei Unruhezuständen und Angstsituationen zu bewegen. Ein Spaziergang, ein kleiner Lauf oder einfach ein paar Hampelmänner in einer Ecke helfen mir, die Erregung in meinem Körper auf ein Normalmaß zu senken.

7. Die Jetzt-Strategie

Angststörungen genauso wie innere Unruhe, Nervosität und Anspannung leben von den Gedanken, die permanent um einen Satz kreisen: »Was ist, wenn …?«

In angstbesetzten Situationen malen wir uns gerne das Allerschlimmste aus und steigern uns nach und nach in die Angst hinein, sodass sie immer mehr an Macht gewinnt. Sobald ich merke, die Angst kriecht mir langsam den Nacken hoch, fokussiere ich mich deshalb auf die Gegenwart. Ich versuche, im Moment zu bleiben und auch meine Gedanken ganz stark im Jetzt zu halten.

Das funktioniert sehr gut mit sogenannten Grounding-Tools. Sie unterstützen dabei, den Fokus auf die eigene Umgebung zu legen und nicht auf die Gedanken, die das Spielchen »Was wäre, wenn …« spielen.

Ich gehe nach folgendem Muster vor:

Ich suche nach fünf Dingen, die ich sehen kann,
nach vier Dingen, die ich anfassen kann,
nach drei Dingen, die ich hören kann,
nach zwei Dingen, die ich riechen kann,
und einem Ding, das ich schmecken kann.

Ganz langsam konzentriere ich mich auf meine Umgebung und bündele alle meine Sinne im Jetzt. Schritt für Schritt gehe ich die Dinge durch, fokussiere mich auf sie und versuche so, aufkeimende Angstgedanken zum Schweigen zu bringen.

Das Gute: Dieses Tool kannst du überall anwenden, und niemand wird dir anmerken, wie angespannt du innerlich bist.

8. Um Hilfe bitten

Es klingt so einfach und ist doch so schwer. Wer aber einmal über seinen Schatten springt und jemanden um Hilfe bittet, wird erstens erstaunt sein, wie bereitwillig die Menschen, die einem nahestehen, helfen, und zweitens, wie viel Erleichterung es uns Angstpatient*innen verschafft, die Verantwortung ein Stück weit abzugeben.

In schwierigen Phasen, in denen ich mir nicht sicher bin, ob ich die lange Fahrt zu einem Termin wirklich alleine bewältigen kann, spüre ich die Angst schon Tage im Voraus. Doch statt mich durch unruhige Nächte zu quälen oder von Tag zu Tag mit Herzklopfen beim Gedanken an den Termin aufzuwachen, bitte ich sofort um Hilfe. »Könntest du mich im Ernstfall begleiten?« Sobald ich eine positive Rückmeldung habe, schlafe ich besser, weiß, es gibt einen Notfallplan und – siehe da – meistens schaffe ich es dann doch alleine.

Um Hilfe zu bitten will gelernt sein. Wir sind es gewöhnt, vieles mit uns selbst auszumachen, zu groß ist vielleicht die Scham, zu schwer das Eingeständnis, dass man doch nicht alleine zurechtkommt, und zu hart die Erkenntnis, dass man schwächer ist als andere. Aber: Um Hilfe zu bitten ist stark. Wenn du ehrlich zu dir bist, erkennst, dass du etwas nicht alleine schaffst, und den Mut fasst, das offen auszusprechen, beweist du Stärke. Niemand von uns muss alleine durchs Leben gehen.

43

»Es kann mir nichts passieren«, flüstere ich vor mich hin. Ich bin furchtbar unruhig und angespannt, heute ist ein wichtiger Tag. Während der Taxifahrer durch die Münchner Innenstadt düst, sitze ich auf der Rückbank und rede leise mit mir selbst. »Das Einzige, was passieren kann, ist, dass dir schlecht wird. Dann gehst du raus, und keiner wird dir einen Vorwurf machen.« Ich seufze, während ich aus dem Seitenfenster blicke. Es ist kurz vor acht Uhr, wir stehen an einer roten Ampel, Schüler*innen radeln am Taxi vorbei.

»Was haben Sie heute vor?«, fragt mich der Taxifahrer und reißt mich aus meinen Gedanken.

»Ich halte heute ein Seminar.«

»Oh, wow, worüber?«

»Über Social-Media. Es ist toll, aber ich bin immer ein bisschen nervös.« Ein bisschen, ich lache innerlich und merke, wie Katja neben mir die Augen verdreht und sich gleich etwas größer macht, damit ich sie auch ja wahrnehme.

»Oh, also über Internet und so?«

»Ja, genau, für Journalisten.«

»Cool.«

Unsere kurze Konversation verstummt. Ich blicke wieder aus dem Fenster und versuche, mir mit positiven Affirmationen die Angst zu nehmen. »Du schaffst das. Es kann nichts passieren.« Im Hintergrund kichert Katja. Natürlich. Meine Angst findet diese Mantras doof. Mir aber helfen sie. Und so versuche ich, mich weiter zu bestärken. Als ich aus dem Taxi steige, ruft mir der Fahrer zum Abschied noch zu: »Viel Erfolg heute, Sie schaffen das.«

Ich lächele und gehe »Ich schaffe das« murmelnd in Richtung Akademie.

Ich habe es tatsächlich geschafft. Immer wieder. Trotz Katja, die mich zu Beginn der Seminare regelmäßig angrinste, dann aber irgendwann trotzig den Raum verließ. Ich schaffte es, ohne vor Panik davonzurennen oder meine Teilnehmer*innen zu enttäuschen. Im Gegenteil.

Die positive Affirmation hilft mir. Statt den Fokus auf meine Weltuntergangsszenarien im Kopf zu lenken, konzentriere ich mich auf meine Mantras, die mir sagen, dass keines davon Realität werden wird. Es hilft, die negativen Gedankenspiralen umzukehren und sie in positive zu verwandeln. Schließlich glauben wir doch so manches, was wir uns einreden. Statt zu denken: »Hilfe, ich werde sicher eine Panikattacke erleiden«, versuchte ich mich in dem Mantra: »Das Schlimmste, was passieren kann, ist eine Panikattacke. Aber selbst die überlebt man, und niemand wird dir böse sein.«

Weitere Affirmationen, die ich schon in den verschiedensten Situationen angewendet habe, sind diese:

Es kann mir nichts passieren.

Ich kann jederzeit den Raum / das Meeting / die Situation verlassen.

Der Versuch zählt, wenn es nicht klappt, gehe ich wieder.

Ich muss nichts, ich kann jederzeit gehen.

Das Schlimmste, das passieren kann, ist, dass mir übel wird.

Niemand ist für immer im Stau / U-Bahn-Tunnel / Fahrstuhl geblieben.

Wenn ich Angst bekomme, rufe ich XY an / gehe ich an die frische Luft / fahre ich wieder nach Hause.

Außerdem konzentriere ich mich auch auf die positiven Seiten der Situation, erinnere mich daran, warum ich mich in sie begeben habe:

Mir macht mein Job Freude, und ich will heute einen schönen Tag haben.

Ich liebe, was ich tue, und ich möchte mein Wissen teilen.

Ich möchte unbedingt diesen Ort / dieses Land sehen.

Der Urlaub wird wahnsinnig schön und entspannend.

Ich möchte U-Bahn / Auto / Zug fahren, um unabhängig und frei zu sein.

Sich auf das Positive zu konzentrieren, auf das, für das es sich lohnt, durch eine Angstsituation zu gehen, hilft dabei, die angstbesetzten Momente auch durchzustehen. Genauso wie es hilft, sich mit einer Affirmation einerseits Stärke zuzusprechen, sich andererseits aber auch den Druck zu nehmen. »Ich allein entscheide, wann ich etwas tue. Wenn es mir dabei nicht gut geht, kann ich es jederzeit bleiben lassen.« Nimmt man sich diesen Druck, sinkt meiner Erfahrung nach auch die Wahrscheinlichkeit, dass man es wirklich bleiben lassen muss.

44

Meine Erste-Hilfe-Maßnahmen sowie die positiven Glaubenssätze halfen. Ich hatte alle Werkzeuge, ja, ich würde es fast Waffen nennen, im Kampf gegen Katja an der Hand. Wusste, wie ich in die Konfrontation gehe, um der Angst zu zeigen, dass sie keine Macht über mich hat. Wenn sie kam, vertrieb ich sie mit meinen Worten, Atemübungen oder anderen Notfallmaßnahmen. Das gelang mal mehr, mal weniger gut. Augen zu und durch, das war mein Motto, auch wenn es extrem viel Kraft kostete. Doch irgendwann würde Katja es schon checken und für immer wegbleiben.

So die Theorie. In der Praxis funktionierte das alles auch sehr gut, bloß leider immer nur kurzfristig. Katja blieb. Immer wieder kam sie zu Besuch, klopfte an meine Tür und zerrte an meinen Nerven. »Hab Angst, jetzt!« Je mehr ich gegen sie ankämpfte, desto wütender wurde sie.

Das Perfide: Oft ließ sie mich eine Zeit lang in Ruhe. Erholte sich quasi vom letzten Kampf mit mir und meldete sich dann stärker denn je zurück. Die Bandagen im Kampf wurden härter und ich schwächer. Mir fehlte die Energie, immer wieder gegen Katja anzugehen. Nach und nach riss sie nicht nur in Situationen, in denen ich es gewohnt war, Angst zu haben, die Kontrolle an sich, sondern überraschte mich wie ein unfairer Gegner auf sicherem Terrain. Sie packte mich von hinten und zischte mir ins Ohr: »Du bist nirgendwo mehr sicher vor mir.« Meine Nackenhaare stellten sich auf, Übelkeit stieg auf. Ich begann zu schwitzen. Wenn ich mich umdrehte, war sie wieder verschwunden. Doch ihr Auftritt hinterließ Spuren.

Ich wurde unsicherer, meine Affirmationen halfen nur noch

bedingt und auch meine Erste-Hilfe-Maßnahmen funktionierten nur noch in leichten Situationen. Katja hatte mich fest im Griff.

»Was willst du, Katja?«, rief ich wütend in den Raum.

»Ich will nur, dass du mir endlich zuhörst.«

»Dass ich dir zuhöre?«

»Ja.«

Ich lachte. Mehr aus Verzweiflung denn aus Komik. Ich wollte wirklich viel, nur nicht meiner Angst zuhören. Sie sollte einfach verschwinden. Lieber gestern als heute.

»Ich will, dass du endlich abhaust.«

»Das werde ich nicht. Nicht, solange du nicht auf dich achtgibst.«

»Wie bitte?«

»Hör mir doch endlich einmal zu. Dann verstehst du es.«

Ich war zu schwach, um mich mal wieder mit Katja zu streiten. Ich schwieg und ließ die Angst das Wort ergreifen.

Zum ersten Mal hörte ich meiner größten Feindin zu.

45

»Ich bin nicht deine Feindin, sondern deine Freundin.«

»Katja, das ist ja wohl der größte Witz. Ich hasse dich.«

»Ich weiß. Aber nur, weil du mich nicht verstehst.«

»Tatsache. Ich verstehe nicht, warum du mir das Leben zur Hölle machst. Warum ich vor den normalsten Dingen dieser Welt Angst habe, mir schlecht wird, ich aber gleichzeitig jeden Horrorfilm gucken kann, ohne dass du aufkreuzt.«

»Ich mag Horrorfilme auch. Aber das tut hier nichts zur Sache. Ich kreuze immer dann auf, wenn du mich brauchst.«

»Ich *brauche* dich nicht. Kapierst du's nicht?«

»O doch.«

»O Gott, ich hasse dieses Gespräch.«

»Ich weiß.«

»Okay, dann sag mir bitte, warum du immer wieder auftauchst.«

»Die kurze oder die lange Version.«

Ich verdrehe die Augen. »Die kurze, bitte.«

»Na gut, du gibst nicht genügend auf dich acht.«

»So ein Schmarrn. Ich achte sehr wohl auf mich.«

»Nein, das tust du nicht. Nicht genügend.«

»Und dafür brauche ich dich, oder wie?«

»Genau, ich sorge dafür, dass du dich nicht überforderst.«

Ich lache laut auf. Katja, meine Samariterin. »Du spinnst. Du überforderst mich. Ständig.«

»Nein, ich kreuze nur auf, wenn du bereits überfordert bist.«

»Ein Beispiel bitte.«

»Erinnerst du dich an diese schöne Panikattacke an der Isar?«

Ich schlucke. Das hatte ich doch längst mit meinem Therapeuten durchgekaut.

»Schön würde ich das nicht nennen. Aber ja, natürlich.«

»Du warst supergestresst an diesem Tag. Du hattest eine ewig lange To-do-Liste und Schmerzen im Fuß.«

Ich nicke. Katja erzählt mir nichts Neues. Ich habe keine Ahnung, worauf sie hinauswill, aber ich höre weiter zu.

»Und statt dich einfach auszuruhen und zu entspannen, machst du was?«

»Ich bin laufen gegangen.«

»Genau, völlig unter Strom, innerlich viel zu unruhig und eigentlich total groggy von der Woche musstest du auch noch joggen gehen.«

»Ja, ich wollte einfach noch Sport machen die Woche.«

»Ich weiß. Aber das war zu viel.«

»Und was hat das jetzt mit dir und der ›schönen Panikattacke‹ zu tun?«

»Wenn du nicht auf dich und deinen Körper hörst, muss ich dich eben ausbremsen.«

»Aha.«

»Ja, du musst lernen, mehr auf dich und deine Bedürfnisse zu achten. Ich weiß, du arbeitest gerne und viel, du willst immer funktionieren und stellst hohe Ansprüche an dich selbst. Aber du solltest trotzdem netter zu dir sein. Dann hätte ich auch endlich mal Pause.«

Ich lache. Katja wünscht sich eine Pause von mir? Wirklich? »Das heißt, wenn ich mehr in mich hineinhorche und mehr nach meinen Bedürfnissen handle, gehst du mir nicht mehr so sehr auf den Geist?«

»Korrekt.«

»Und du behauptest, eigentlich nicht meine Feindin zu sein?«

»Wieder hundert Punkte. Um ehrlich zu sein, könnten wir sogar Freundinnen sein. Wenn du endlich mal kapieren würdest, dass ich dir nichts Böses will.«

»Freundinnen? So weit bin ich noch nicht.«
»Na gut, aber denk mal drüber nach.«

Das tat ich. Ganz unrecht hatte Katja nämlich nicht. Mein Anspruch an mich war wahnsinnig hoch. Mein Ehrgeiz und meine Disziplin zeichneten mich aus, meine Freude an meinem Job sorgte für viele Stunden Arbeit mit wenigen Pausen. Innere Unruhe und Nervosität gehörten zu meinem Leben. Ich hatte stets Katja die Schuld dafür gegeben, aber vielleicht hatte ich mir auch einfach immer wieder zu viel aufgehalst und meine eigenen Warnsignale überhört?

46

Tränen laufen mir übers Gesicht. Erschöpft schiebe ich mir eine Haarsträhne hinters Ohr.

»Was ist denn los?«, fragt meine Mutter voller Sorge.

»Ich weiß es nicht, ich bin einfach nur müde.«

Meine Schultern sind zentnerschwer. Es ist noch früh am Morgen an diesem Sonntag Anfang März 2018, vor wenigen Stunden noch haben wir den Geburtstag meiner Oma gefeiert. Ein schöner Abend liegt hinter uns, doch ich fühle mich einfach nur kaputt.

Die Nacht war kurz. Nicht nur weil meine Oma eine wilde Partymaus ist, sondern auch weil ich nach der Feier schlecht geschlafen habe. Wie so oft in letzter Zeit habe ich im Schlaf keine Erholung gefunden, mein Kiefer schmerzt, die Anspannung der vergangenen Wochen macht sich körperlich bemerkbar. An diesem Morgen bin ich derart erschöpft, dass die Tränen einfach nur so fließen.

»Ich möchte doch nur endlich wieder schlafen.«

Hilflos blickt mich meine Mutter an. »Vielleicht brauchst du Urlaub?«

Ich schüttele den Kopf. »Das geht nicht. Ich habe x Projekte auf dem Tisch, ich muss noch ein Konzept erstellen und Artikel schreiben.« Während ich die Worte sage, schnürt sich mein Hals zu. Ich habe keine Ahnung, wie ich das alles schaffen soll. Aber ich will es schaffen, schließlich macht mir meine Arbeit doch so viel Spaß und Freude. Im Moment will ich allerdings vor allem eines: schlafen. Keine Verpflichtung haben, einfach nur ausruhen und stumpfsinnig fernsehen.

Katja ist in diesen Tagen ständig an meiner Seite. Anders als in Situationen der Angst steht sie nicht plötzlich da, sondern wandert neben mir her, ganz leise. Immer wieder stupst sie mich an. Ich versuche sie zu ignorieren, ich kann jetzt keine Angst gebrauchen. Der Stress, der Schlafmangel, all das zerrt bereits an meinen Nerven. Aber Katja bleibt.

»Ich schaffe das. Nur noch ein paar Wochen, dann ist der größte Stress vorbei«, murmele ich mir in einem ruhigen Moment einige Tage nach dem Geburtstag meiner Oma zu. Ich weiß, dass ich mir zu viel aufgehalst habe. Aber Jobs und Termine absagen will ich nicht.

»Dürfte ich auch etwas dazu sagen?«, schallt es aus einer Ecke des Raumes. Da sitzt sie wieder, hager wie eh und je. Ich verdrehe die Augen, mein Körper spannt die letzten Muskeln an.

»Meinetwegen.«

»Du schaffst es nicht.«

Mir wird schlecht. Ich bekomme Gänsehaut an den Armen, stehe auf und tigere durch den Raum. »Doch.«

»Nein, du schläfst nicht mehr, du bist total k.o., und ganz ehrlich, es ist zu viel.«

Mein Atem wird flach, ich spüre, wie mir die Panik in den Nacken kriecht. »Hör bitte einfach auf.«

»Nö.«

Meine Angst und ich schweigen uns an. Ich fühle mich elend, ich kann nicht mehr, und ich habe keine Energie, gegen Katja anzugehen.

»Ich sag's noch mal: Bitte gönn dir Ruhe.« Katja blickt mich verzweifelt an. »Bitte.«

Ich lasse mich aufs Sofa sinken, meine Beine zittern. Ich kann wirklich nicht mehr. »Und jetzt?«

»Jetzt sagst du erst mal ein paar Jobs ab.«

Ich arbeite an vielen Projekten gleichzeitig, jedes einzelne macht mir wahnsinnig viel Spaß. Meine Neugierde ist unbändig, sodass ich grundsätzlich einmal mehr zusage, als ein tolles Projekt abzusagen. Hinzu kommt das Problem, das jede*r Freiberufler*in kennt: Lieber einen Job zu viel als einen zu wenig, man weiß ja nie, wie und ob die Zusammenarbeit fortgesetzt wird. Schnell arbeitet man also immer mehr, sitzt bis spätabends am Schreibtisch, und das ohne jegliche Kontrolle von außen. Niemand sagt einem, wann Feierabend ist. In stressigen Phasen mache ich oft nicht vor zwanzig oder zweiundzwanzig Uhr Schluss.

Das geht. Eine Weile lang. Irgendwann nimmt der Stress jedoch überhand. Es ist, wie Schauspielerin Nora Tschirner in einem Interview mit Matze Hielscher sagte: »Man kann sich auch an den guten Dingen übernehmen.« Nur fällt es dann oft erst später auf, weil eigentlich, ja eigentlich, alles doch so viel Spaß macht und sich gar nicht wie Arbeit anfühlt. Ja, das stimmt, der Job macht Spaß. Trotzdem werden die Nächte schlechter, der Körper ist angespannt und jeder Freizeittermin wird plötzlich zu viel. In solchen Phasen weiß ich, dass ich Nein sagen und Ruhe suchen sollte. In der Theorie klingt das einfach, in der Praxis jedoch sage ich weiter Ja. Mir geht es bereits schlecht, aber ich schaffe es nicht, mich abzugrenzen, die Reißleine zu ziehen, die Wochenenden wirklich Wochenenden sein zu lassen. Ich arbeite weiter.

Während ich selbst also nicht begreife, in was für eine fatale Situation ich mich hineinmanövriert habe, hat Katja das längst kommen sehen. Erst klopfte sie leise an. Doch so, wie ich den Stress ignoriere, ignoriere ich auch Katja. Erst als sie lauter und wütender wird, gelingt es ihr, mich auszubremsen. Erst dann sage ich Jobs ab, komme mir dabei aber wie eine Versagerin vor.

»Das musst du nicht.« Wieder einmal sitze ich im Auto und

schaffe es nicht, zu meinem Termin zu fahren. Unter Tränen habe ich meinem Auftraggeber abgesagt. Als ich auflege, fällt eine Menge Druck von mir ab. Aber ich fühle mich schlecht. Da legt mir meine Angst ihre knochige, kalte Hand auf die Schulter. »Es ist okay.« Ich schüttele den Kopf. »Doch. Aber du musst etwas ändern, wenn ich nicht mehr ständig neben dir sitzen soll.«

Ich wische mir die Tränen aus dem Gesicht. »Okay.« An diesem Morgen im Auto irgendwo in einer Seitenstraße in München beschließe ich, etwas zu ändern. So will ich nicht mehr leben. »Ich werd's versuchen«, sage ich zu Katja. Doch als ich neben mich blicke, ist sie verschwunden.

47

Wie ändert man sein Leben, wenn man jahrelang bei allem immer hundertzehn Prozent gegeben, die Angst ignoriert und möglichst weit von sich geschoben hat? Diese Frage stelle ich meinem Therapeuten Peter Ibbetson, nachdem ich ihm von den vergangenen Wochen erzählt habe.

»Sie müssen endlich bewusster mit sich umgehen und Ihre Ansprüche reflektieren. Reduzieren Sie den Stress, und seien Sie nicht so hart zu sich. Sie leben ein aufregendes, stressiges Leben, aber vergessen dabei, dass durch Ihre Angststörung immer noch zusätzlicher Stress obendrauf kommt. Kein Wunder, dass irgendwann nichts mehr geht und Sie völlig überfordert sind.«

Ich nicke. Aus dieser Perspektive habe ich das noch gar nie betrachtet. Im Gegenteil. Die Angst ist für mich ein lästiges Anhängsel, das ich ignoriere und am liebsten vergesse. Das gelingt in Phasen ohne Angst auch. Sobald Katja sich aber meldet, bin ich im permanenten Abwehrmodus – trotz meines stressigen Alltags.

»Sie müssen *mit* Ihrer Angst arbeiten und nicht *gegen* Sie.«

»Wie soll das funktionieren?«

»Indem Sie auf sich achtgeben, Ihren Stress abbauen und bei Angst in sich reinhören, sich fragen, warum sie sich meldet, statt sie einfach wegzuboxen.«

Er hat recht. Über die Jahre habe ich die Verbindung zu mir verloren. Permanent habe ich meine Bedürfnisse übergangen, selbst wirkliche Krankheiten für Symptome der Angst gehalten und ignoriert.

Ein achtsames Leben zu führen bedeutet, sich seiner selbst bewusst zu sein und aufmerksamer durchs Leben zu gehen, Dinge bewusster zu erleben und vor allem unnötigen Stress zu vermeiden. Ein Leben im Hier und Jetzt. Besonders wichtig ist eine solche Achtsamkeit für Menschen, die es lieben, sich Worst-Case-Szenarien auszumalen. Menschen wie mich.

Stress entsteht heute fast automatisch. In unserer schnelllebigen medialen Welt gehört Multitasking zum guten Ton. Ja, Stress wird zum Lifestyle und das Ringen um den ersten Platz des oder der am meisten Gestressten zusätzlich nach Feierabend ausgetragen.

»Na, wie läuft's bei dir?«

»Ich habe so viel Stress.«

»Ich auch. Ich weiß gar nicht, wo mir der Kopf steht.«

Zu Hause geht es weiter: Während wir fernsehen, scrollen wir mit dem Handy durch Instagram und greifen nebenbei immer wieder in die Kekstüte. Keine Handlung davon wird bewusst ausgeführt, sondern vielmehr alle parallel. Was sich erst mal praktisch anhört, führt zu Stress. Wir stehen unter Dauerstrom, alle unsere Sinne werden gleichzeitig beansprucht, Unruhe und Nervosität machen sich breit. Jemand, der sowieso ständig am Limit ist, weil die Angst immer neben ihm sitzt, kollabiert dann einfach schneller als andere.

Nach dem langen Gespräch mit meinem Therapeuten war klar: Ich möchte achtsamer leben. Ich möchte wieder eine Verbindung zu mir und meinem Körper haben, Entscheidungen im Einklang mit meinem Wohlbefinden treffen und meine eigenen Ressourcen nutzen, sie aber nicht mehr täglich aufbrauchen.

Als erste Maßnahme riet mir mein Therapeut, mich momentan nur dann in Angstsituationen zu begeben, wenn es sein musste. Die Konfrontation würden wir später wieder in den Fokus rücken. Gemeinsam fassten wir den Plan, erst einmal die

Vorrausetzungen zu schaffen, die nötig sind, um mich meinen Ängsten wieder aktiv zu stellen. Für den Moment jedoch galt es, die Anspannung abzubauen. Ich sollte zunächst alles bleiben lassen, was mich zu stark belastete, und mein Stresslevel senken. Meine größte Sorge war, dass die Angst dadurch überhandnehmen würde, doch das Gegenteil war der Fall. Das erste Mal seit etlichen Jahren konnte ich bei Unwohlsein Termine absagen, ohne ein schlechtes Gewissen zu bekommen. Ich lernte, wieder mehr auf meinen Körper zu hören und herauszufinden, wann mich eine Situation wirklich überfordert oder wann es vielleicht andere Faktoren sind, die meinen Körper gerade verrücktspielen lassen. Ich war das erste Mal seit Langem mitfühlend und nett zu mir.

Denn bisher hatte sich, wann immer ich aus Angst Situationen vermieden oder abgesagt hatte, mein innerer Anspruch gemeldet und mit mir geschimpft. Die Erleichterung war schnell der Befürchtung gewichen, dass ab sofort alles viel schlimmer werden würde. »Na bravo, wenn du nicht mal das schaffst, wie soll es dann nur in Zukunft werden?«, fragte ich mich. Doch hätte ich das auch so zu einer Freundin gesagt? Wahrscheinlich nicht. Ich wäre sehr viel netter, aufmunternder und liebevoller gewesen.

Also versuchte ich, gnädiger zu mir zu sein und zu akzeptieren, dass es eben gute wie schlechte Tage gibt. Dass manchmal die äußeren Umstände wie zu wenig Schlaf, ein hoher Workload oder auch persönlicher Stress dazu führen, dass man einer Herausforderung nicht gewachsen ist. Dass aber der Tag nicht für die ganze Zukunft steht und beim nächsten Versuch alles anders aussehen kann. Kein Zustand ist von Dauer, alles nur temporär. Was heute nicht klappt, kann morgen wieder funktionieren. Ein mitfühlender Umgang mit sich selbst bedeutet eben, auf sich achtzugeben und gut mit den inneren Ressourcen hauszuhalten.

Was mir zu Beginn noch schwerfiel, wurde von Woche zu

Woche einfacher. Ich lernte, Tag für Tag in mich hineinzuhören, und merkte sehr bald schon, wie viel leichter ich mich fühlte. Der permanente Druck, funktionieren zu müssen, sank. Ich hatte wieder mehr Energie, wusste, wenn ich etwas nicht schaffe, kann ich jederzeit absagen und ehrlich zu mir und meinen Kund*innen wie Freund*innen sein.

Auch meine Angst zog sich zurück. Sie kam nur, wenn ich doch einmal gestresst war oder mich in angstbesetzte Situationen begab. Aber statt mich ihr zu ergeben, hatte ich wieder die Energie, mit ihr die Situationen durchzustehen. »Na, läuft doch«, schmunzelte sie mir zu. Auch wenn ich mir immer noch ein Leben ohne sie wünschte, wusste ich, sie anzunehmen und ihr zuzuhören war wichtig.

48

Heute kenne ich meine eigenen Bedürfnisse sehr viel besser und spreche sie offen an. Ich möchte meine Energien nicht mehr aufbrauchen, bis Katja mich schüttelt. Das bringt weder mir noch meinem Umfeld etwas. Also nehme ich meine eigenen Grenzen wahr und stecke diese freundlich, aber bestimmt ab.

Im Alltag heißt das: Ich zwinge mich nach einem anstrengenden Arbeitstag nicht mehr automatisch weiter zu einem der vielen Modeevents, sondern horche vorher genau in mich hinein. Was verlangen mein Körper und meine Seele? Wenn sie nach der Badewanne und einem Buch schreien, gebe ich es ihnen. Wollen sie doch noch unter Leute, geht es auf die Party. Aber auch dort höre ich weiter auf meine innere Stimme, gehe im Zweifelsfall selbstbestimmt und ohne Reue eher nach Hause, auch wenn der Rest der Truppe noch weiterziehen will. Keine Sorge: Es gibt noch genügend Abende, an denen ich als eine der Letzten die Bar verlassen kann. Aber eben nur dann, wenn ich wirklich will, losgelöst von Erwartungen und Ansprüchen – meinen eigenen und denen anderer. Fomo – *Fear of missing out* – kenne ich nicht mehr. Stattdessen stehe ich bewusst für mich ein, beachte meine Bedürfnisse und handele danach. Das macht ruhig – und glücklich. Denn kommen Seele und Körper in Einklang, müssen sie nicht mehr ständig rebellieren. Selbst Katja ist dadurch ruhiger geworden.

Dass ich die Achtsamkeit in mein Leben ließ, hat dazu geführt, dass ich sehr viel mehr Entscheidungen für mich und mein Wohlergehen treffe. Ich stelle mich an die erste Stelle. Das klingt egoistisch, aber nur, wenn es mir gut geht, kann ich die Erwartungen im Beruf sowie die meiner Familie und meiner Freund*innen erfüllen.

Die Hektik aus dem Alltag zu verbannen – das ist das große Ziel eines achtsamen Lebens. Deshalb plane ich mein Leben nicht mehr bis ins Detail, sondern lasse vieles einfach auf mich zukommen. Ich habe gelernt, den Moment wahrzunehmen. Das bedeutet auch weniger Multitasking im Alltag. Stattdessen bemühe ich mich, Situationen und Dinge bewusst zu erleben.

Das achtsame Leben fängt im Kleinen an. Während ich früher in stressigen Momenten oft zwischen Tür und Angel nur schnell irgendwas in mich hineinstopfte, manchmal das Essen sogar ganz vergaß, nehme ich mir heute Zeit. Ich esse in Ruhe und möglichst ohne mediale Ablenkung und versuche, dreimal am Tag eine gesunde Mahlzeit zu mir zu nehmen. Das bewusste Erleben des Essens tut meinem Magen und meiner Seele gut, ich bin ausgeglichener und ruhiger, mein Körper hat genügend Kraft und Energie und kann sich darauf verlassen, dass ich mich um ihn sorge.

Dasselbe gilt für ausreichend Schlaf und Sport, denn Unausgeglichenheit und Schlafmangel sind meine großen Trigger, wenn es um herausfordernde Situationen geht. Morgens plane ich jetzt genügend Zeit ein, ich habe Morgenrituale entwickelt, die mir helfen, in Ruhe in den Tag zu starten. Ich versuche, nicht mehr durchs Leben zu hetzen, mir auch Pausen zu gönnen, wenn Körper und Seele es verlangen.

Entschleunigung tritt ein, sobald man mit sich und seiner Umwelt achtsamer und somit auch geduldiger umgeht. Nach Jahren des Übergehens meiner Bedürfnisse habe ich nun endlich wieder eine gute Verbindung zu mir. Ich weiß genau, was mir guttut und was nicht, kann mich zu hundert Prozent auf meine Intuition und mein Bauchgefühl verlassen und höre lieber einmal mehr in mich hinein als einmal zu wenig.

Letztlich lassen sich natürlich nicht alle stressigen Phasen im Leben vermeiden. Indem ich aber mich und mein Verhalten besser beobachte und reflektiere, erkenne ich auch ungute Muster und Verhaltensweisen sehr viel schneller als früher. Sobald beispielsweise innere Unruhe und Nervosität auftauchen, weiß ich, dass ich gerade zu wenig auf mich achtgebe und meinen Stress verringern muss. Dann kann ich bewusst dagegen ansteuern.

Und wenn ich doch mal in alte Muster verfalle? Dann habe ich ja meine Freundin Katja, die mir laut und deutlich »Stopp« zuruft.

49

Wer von Achtsamkeit spricht, erntet schnell vielsagende Blicke. Und ich kann es den Menschen, die auf das Wort leicht genervt reagieren, nicht mal verübeln, schließlich mutierte es in den vergangenen Jahren zum regelrechten Trendwort in der Bubble derer, die sich einem hektischen Leben entziehen wollen. Doch wie man diese Tugend auch nennen mag, mir hat sie geholfen. Ich haushalte heute vernünftig mit meinen Kapazitäten und Ressourcen und bin insgesamt ausgeglichener, die Angst verschwindet mit dem Stress ins Nebenzimmer.

Hier kommen fünf Gründe für mehr Achtsamkeit im Leben, die hoffentlich auch dich überzeugen:

1. Früherkennung von Stress und Problemen
Früher steckte ich häufig knietief im Stress, ohne zu wissen, a) was mich stresste und b) wie es so weit kommen konnte. Heute spüre ich die ersten Anzeichen für Stress sehr viel früher und kann die Auslöser besser erkennen. Entsprechend schneller kann ich reagieren und Entlastung schaffen. Und: Wenn ich genau hinsehe, merke ich oft, so schlimm ist das alles gar nicht. Statt in Panik zu verfallen und nicht mehr zu wissen, wo ich anfangen und aufhören soll, sortiere ich mich und versuche, Schritt für Schritt wieder mehr Ruhe in mein Leben zu bringen.

2. Entscheidungen treffen, die sich gut anfühlen
Was will ich in diesem Moment und was nicht? Durch das achtsame und bewusste Leben fällt es mir leichter, Entscheidungen zu treffen, die sich gut anfühlen. Ich weiß genau, was mir gut-

tut, und entscheide nicht mehr nach fremden Erwartungen oder meinem eigenen inneren Anspruch, sondern jeweils nur für den Moment. Früher habe ich schnell zu allem Ja gesagt, obwohl sich bereits mein Bauchgefühl meldete. Sich Zeit lassen, in sich hineinhorchen und dann entscheiden sorgen dafür, dass die Entscheidung am Ende die ist, hinter der man auch steht.

3. Ciao, Weltuntergangsszenario

»Wenn ich jetzt absage, bekomme ich nie wieder einen Job.« Ein Gedankengang, den ich früher sehr oft hatte. Dabei stimmt das gar nicht. Ich habe eine gute Ausbildung, bin gut in dem, was ich tue, und auch nach einer Absage weiterhin interessant für meine Kund*innen. Durch das achtsame Leben blicke ich positiver und auch mit Stolz auf mich. Ich bin dankbar für das Leben, das ich führen darf, und weiß, was ich schon alles erreicht habe. Es ist im Grunde bereits alles gut – eine Absage oder eine Niederlage ändert daran nichts.

4. Ein schlechtes Erlebnis steht nicht für mein gesamtes Leben

Holte mich Katja früher mal wieder ein, fühlte ich mich wie eine Versagerin, die die einfachsten Dinge nicht auf die Reihe bekommt. Tagelang machte ich mir Vorwürfe und war überzeugt, dass ab sofort alles noch viel schlimmer werden würde. Wurde es natürlich nicht. Durch das bewusste Auseinandersetzen mit mir und eine positive Grundeinstellung weiß ich heute, dass ein schlechter Tag nicht für mein ganzes Leben steht. Ich reflektiere die Situationen, kann sie analysieren und verarbeiten und daraus meine Lehren ziehen. Wie die, dass ich an stressigen Tagen nicht noch eine Extrarunde Angstkonfrontation einlege. All das sorgt dafür, dass ich mehr Ressourcen habe und optimistisch an meine Zukunft herangehe.

5. Entschleunigung ist wunderbar

Ein Heilungsprozess ist genau das: ein Prozess. Kleine Schritte führen nach und nach dazu, dass man sich besser fühlt, und trotzdem kann es immer wieder Trigger geben, die einen zurückwerfen. Heilung ist ein Weg, der mal schön und mal holprig ist. Mit der bewussten Entscheidung für mehr Achtsamkeit in meinem Leben zogen vor allem auch Entschleunigung und Geduld bei mir ein. Ich muss nicht schnellstmöglich ohne Angst sein, sondern eben Schritt für Schritt in die richtige Richtung gehen. So, wie ich von mir keine Wunderleistungen mehr erwarte, bin ich auch geduldiger mit meinen Mitmenschen. Jede*r hat sein oder ihr Tempo – und nur der beziehungsweise die Einzelne bestimmt, wohin die Reise geht.

Sicherlich, auf diese Erkenntnisse kann man auch ohne Achtsamkeit kommen. Doch mir hat sie geholfen, endlich einen anderen Blickwinkel auf mich zu bekommen, nachdem ich jahrelang viel zu wenig auf meine Gefühle, meine Bedürfnisse und mein Wohlbefinden geachtet hatte. Warum durchs Leben hetzen und immer weiter, höher, schneller anstreben, wenn ich die kleinsten Dinge nicht mehr spüre und bemerke? Die Achtsamkeit erlaubt es mir, bewusst in mich hineinzuhorchen, meine Umwelt besser wahrzunehmen und vor allem dankbar zu sein für alles, was ich bereits in meinem Leben habe.

50

Ich schwitze. Mein Kopf ist rot, keuchend blicke ich mich um. Meinen Mitstreiter*innen geht es ähnlich. Kurz bevor ich mich melde, um anzumerken, dass ich nicht mehr kann, ruft die Trainerin: »Und jetzt noch eine Runde laufen, den Berg runter, die Stufen wieder hoch.« Ich rapple mich auf, atme tief ein und laufe los. Schritt für Schritt setze ich die Füße voreinander, mein Herz pumpt, mein Atem ist laut hörbar. Mit schweren Beinen quäle ich mich die letzten Meter die Treppe hinauf. Oben angekommen, schleppe ich mich zurück zu meiner Matte. »Gut gemacht, das war's für heute.«

Ich nehme einen großen Schluck Wasser. »Wow«, sage ich, während mein Brustkorb sich unter meinem schwarzen T-Shirt hektisch hebt und senkt. »Ich hab's geschafft. Überlebt.«

Zwischendrin war ich mir da nicht so sicher. Meinen Körper so zu fordern, an den Rand des Möglichen zu bringen bin ich nicht gewöhnt. Und natürlich war ich nicht allein beim Training. Katja saß neben mir und schüttelte permanent den Kopf. »Was machst du da? Du weißt schon, dass dein Kreislauf das eigentlich gar nicht packt. Du kippst gleich um, und dir wird schlecht.« Bei all der Anstrengung blieb mir aber nur eins: ihre Worte zu ignorieren und weiterzumachen. »Na gut, dann hörst du halt nicht auf mich.« Irgendwann während des Trainings gab Katja auf, beleidigt wie immer, wenn ich sie nicht beachte. Schmollend setzte sie sich erst ein Stück weiter weg, dann war sie ganz verschwunden. Also hielt ich durch. Bis zum Schluss.

Jetzt schmerzt mein Körper, ich spüre jede Muskelfaser. Abends falle ich todmüde ins Bett und wache am nächsten

Morgen mit dem Muskelkater meines Lebens auf. Als mein Handy blinkt und die Trainerin fragt: »Na, wer ist übermorgen wieder mit dabei?«, schreibe ich nur: »Ich«, nicht sicher, ob ich das noch mal überleben werde, aber motiviert.

Katja findet meinen sportlichen Ehrgeiz nicht so gut. Zwei Tage später schlüpfe ich erneut in meine Laufleggings und mein T-Shirt, als sie auch schon neben mir steht und sich weigert, mir meinen Hoodie zu geben.

»Muss das wirklich sein?«, fragt sie.

Ich sage bestimmt: »Ja, ich gehe, du kannst gerne mitkommen. Aber ich gehe.«

»Auf dem Sofa ist es aber angenehmer.«

»Ich weiß, aber Sport tut mir gut, du hast selbst gesagt, ich soll mehr auf mich hören. Also gehe ich zum Sport.«

»O menno!« Katja stampft wütend auf den Boden. Leiser als sonst, ist da etwa Verständnis? »Wenn's sein muss.«

Ich mache mich auf, Katja trottet beleidigt hinterher. Wie ein nasser Sack lässt sie sich in die Ecke fallen, zusammengekauert beobachtet sie, wie ich mich mit meiner Sportgruppe verausgabe. »Du bist verrückt«, flüstert sie mir zu, wenn ich doch mal für einen Moment zu ihr blicke.

Verunsicherung. Hat Katja recht? Mein Herz pocht wie wild, mein Atem geht zu schnell. Vielleicht sollte ich abbrechen? Ich sehe wieder zu Katja. Sie grinst. Ich kenne dieses Grinsen, ein »Ich hab's dir doch gesagt« weht mir entgegen.

»Ich muss kurz was trinken«, rufe ich der Trainerin zu. Ich nehme einen Schluck, das Wasser perlt mir die Kehle hinunter. Doch das unsichere Gefühl bleibt. Schaffe ich es wirklich? Was, wenn mir schlecht wird? Ich kenne hier ja niemanden, es wird keine*r verstehen. O Gott, ich glaube, mir wird schlecht, ich muss gleich gehen.

»Weiter geht's«, ruft die Trainerin und unterbricht damit meine Gedankenschleife.

»Gehen kannst du jederzeit «, murmle ich mir aufmunternd zu. Dann springe ich wieder auf die Matte und mache weiter.

Fünfundvierzig Minuten später liege ich erschöpft da. Ich blicke in den blauen Himmel, die Wolken ziehen vorbei. Ich habe es überlebt. Ein Lächeln macht sich auf meinem Gesicht breit, als sich der Himmel verdunkelt, weil Katja sich über mich beugt. »Na, biste jetzt glücklich?«

»O ja«, sage ich. Katja verdreht die Augen und stapft wütend davon. Ich atme noch mal tief ein und aus und genieße den Moment. Dann packe ich meine Matte, schwinge mich aufs Rad und düse nach Hause.

An jenem Abend falle ich nicht nur müde, sondern mehr als zufrieden ins Bett. Den Sport durchgezogen zu haben, obwohl die Angst schon an mir zerrte, macht mich glücklich. Gepaart mit dem Adrenalinschub, den der Sport einem sowieso verpasst, ist dieses Gefühl unbezahlbar. Das erkennt auch meine Angst: »Na gut, ich hab dich unterschätzt. Tut dir ja anscheinend gut.«

Das tut es. Seit diesen ersten positiven Erfahrungen bin ich fast durchgängig beim Sport geblieben. Katja ging noch ein paarmal mit, meistens war sie aber doch zu faul und drehte um, irgendwann blieb sie ganz zu Hause. Der Sport wurde meine neue Leidenschaft.

Nicht nur, dass ich dabei mehr und mehr die Sicherheit gewann, mich trotz Angst körperlich verausgaben zu können und nicht gleich wieder nach Hause gehen zu müssen, ich entwickelte auch ein tiefes Vertrauen in meinen Körper. Ich merkte, wie leistungsfähig er ist. Wie sehr ich mich körperlich verausgaben kann, ohne dass ich hilflos am Wegesrand liege und ein Krankenwagen kommen muss. Wie sehr ich mein Herz zum Pochen bringen kann und trotzdem noch fähig bin, voller Elan weiterzumachen.

Wer unter chronischem Stress oder einer seelischen Erkrankung leidet, bekommt als Erstes von Ärzt*innen gesagt: »Machen Sie Sport.« Denn Sport baut Stress ab und regt die Endorphinausschüttung an. Sport macht glücklich, pustet einem den Kopf durch und lässt einen gleichzeitig mental abschalten. Die Anstrengung fordert einen so sehr, dass alles andere unwichtig wird. Egal welche wichtigen Termine anstehen: In der Sportstunde gilt nur die körperliche Verausgabung.

Bei Angststörungen kommt noch ein wunderbarer Nebeneffekt hinzu: Wer regelmäßig Sport macht, hebt seine Adrenalinschwelle an. Der Körper gewöhnt sich an die enorme Ausschüttung von Adrenalin und reagiert bei kleineren Ausschüttungen, wie sie etwa bei leichten Angstgefühlen auftreten, gar nicht mehr. Bei Sportmuffeln können dagegen schon kleine Mengen Adrenalin zu Unruhe und starken körperlichen Reaktionen führen.

All das hatte mir ein Arzt bereits erklärt, trotzdem dauerte es Jahre, bis ich mich dazu entschied, wirklich regelmäßig Sport zu machen. Hatte ich in meiner Jugend noch ausgiebig Ballett, Modern und Jazz getanzt, war es mit meinem Umzug nach München mit dem Sport erst mal vorbei. Zwar fing ich immer wieder irgendetwas an, hielt aber nie lange durch. Zeitweise ging ich laufen, trainierte mithilfe von YouTube-Videos oder schlurfte in ein Yogastudio. Wenn ich dann beim Sport war, brach ich jedoch sofort wieder ab, sobald mein Körper sich meldete und »Stopp!« rief. An meine Grenzen ging ich nie.

Erst beim Sport in der Gruppe wurde mein Ehrgeiz geweckt. Ich wollte nicht als Erste aufgeben, »Ich kann nicht mehr« rufen und zusehen, wie die anderen durchhalten. Also blieb ich dran, sah die stetigen Verbesserungen und merkte auch mental eine Veränderung. Das Vertrauen in meinen Körper und mich wuchs von Woche zu Woche. Ich konnte plötzlich besser einschätzen, ist das jetzt Angst oder einfach nur eine körperliche Reaktion auf die Anstrengung? Ich wusste, ich kann mit meinem Atem einiges regulieren, und ich kippe nicht einfach um, selbst wenn der Körper kurz Probleme hat, sich zu beruhigen.

Und das mit den Sport-Endorphinen stimmt auch. Selten war ich glücklicher als nach dem Sport.

Zwei Jahre lang ging ich drei- bis viermal die Woche zum Sport, bis ich pausieren musste. Mein sportlicher Ehrgeiz, mein innerer Antrieb hatten mich verraten. Ich hatte den Moment verpasst, als ich begann, mich mit dem Sport und meinen anderen Terminen im Alltag zu überfordern. Man kann eben so achtsam sein, wie man will, man rutscht doch schnell wieder in alte Muster.

Eine Zwangspause war nötig. »Ich komme wieder«, schrieb ich zum Abschied an die Sportgruppe. Katja lachte sich ins Fäustchen. Das tat sie aber in jenen Wochen sowieso permanent. Wieder einmal hatte ich nicht früh genug auf sie gehört.

Heute mache ich wieder Sport. Er ist Teil meiner Therapie, aber ich bin nachsichtiger mit mir. An stressigen Tagen, an denen sich der Sport wie ein Termin anfühlt, den ich eigentlich gar nicht wahrnehmen will, sage ich ab. Ich zwinge mich nicht dazu, nur weil mein Anspruch es verlangt. Ich gehe nur noch, wenn ich wirklich möchte – und das ist immer noch zwei- bis dreimal die Woche. Aber in besonders stressigen Phasen kann es auch mal eine Woche ohne Sport geben. Ich höre auf meinen Körper und meine Seele, spüre in mich hinein und weiß, meine Fitness geht nicht verloren, wenn ich in Zeiten, in denen ich meine Energie woanders brauche, diese nicht beim Sport lasse.

Nichtsdestotrotz geht es mir mit Sport und Bewegung besser. Ich bin ausgeglichener, kenne meine körperlichen Grenzen und fühle mich fitter. Yoga und High-Intensity-Intervalltraining haben mir gezeigt, wie ich meinen Atem kontrollieren kann und dass Adrenalinschübe nicht gleich zur Ohnmacht führen. Erkenntnisse, die mir auch in Angstsituationen nützen.

51

Mein Brustkorb hebt und senkt sich gleichmäßig. Ich atme tief ein und wieder aus. Meine Augen sind geschlossen, mein Körper fühlt sich schwer an. Ich liege in meinem Bett, Kopfhörer in meinen Ohren. Durch sie flüstert mir eine männliche, monotone Stimme zu: »Bemerke deine Angstgedanken und schiebe sie einfach zur Seite. Nehme sie wahr, aber gehe nicht tiefer auf sie ein.« Ich nicke stumm und lausche weiter dem Mix aus dumpfen, beruhigenden Klängen und der monotonen Stimme, die fast einschläfernd wirkt.

Zwanzig Minuten später, kurz bevor ich einnicke, ist der Spuk vorbei. Meine erste Meditation gegen Anxiety ist geschafft. Als ich schläfrig meine Augen öffne und die Kopfhörer aus meinen Ohren ziehe, sitzt Katja schon wieder neben mir. »Na, bringt's was?« Ich registriere sie, rolle mit den Augen und gehe bewusst nicht auf sie ein. Die Angst wahrnehmen, aber nicht mit ihr diskutieren, hieß es doch gerade eben noch.

Die Hypnosesitzungen hatten mir so gutgetan, dass ich Wochen danach beschloss, mir eine Alternative zu suchen, die mich ähnlich tiefenentspannt zurücklassen und mir bei meinem Umgang mit Katja helfen würde. Nur mit dem kleinen Unterschied, dass ich nicht für jede Sitzung so viel Geld auf den Tisch legen wollte. Auch wenn ich die Hypnose gerne weitergemacht hätte, diese Entspannungsmethode war mir auf Dauer doch zu teuer. Also Meditation.

Schon als Kind hatte ich die Stunden im Kindergarten oder in der Schule geliebt, wenn ein*e Lehrer*in uns wilde Bande mit einer kurzen Meditation zur Ruhe bringen wollte. Dann, wenn der Raum bis auf eine kleine Kerze dunkel wurde und die leisen Klänge von Musik oder Meeresrauschen zu hören waren, entspannte sich mein Körper. Ich tauchte tief ab und fand innerhalb von Sekunden Ruhe. Manchmal so sehr, dass ich einen fünfminütigen Powernap einlegte, sehr zur Verwunderung meiner Mitschüler*innen, die mit der Meditation so gar nichts anfangen konnten.

Später war es Yoga, das mich wieder zur Meditation brachte. Schon zu Beginn der Stunde freute ich mich auf Shavasana, den Stundenausklang, bei dem ich wie sonst nirgends alles um mich herum vergessen konnte, völlig versank und den Alltagsstress Alltagsstress sein ließ. Dass ich diese Entspannung auch selbst herbeiführen könnte und sie nicht zwingend an eine Yogastunde geknüpft war, fiel mir erst nach meinen Hypnosestunden ein.

Ich googelte nach bekannten Apps und lud mir eine Meditations-App herunter. Beim Öffnen wurde ich überrascht, denn als hätte sie auf mich gewartet, empfahl sie mir erst eine Meditationseinführung, danach den Anxiety-Kurs – eine Meditation, um Ängste in den Griff zu bekommen. Skeptisch, ob mir eine solche fünfzehnteilige Reihe wirklich im Umgang mit Katja helfen könnte, schloss ich die App wieder. Ich hatte sowieso gerade keine Zeit. Sie schlummerte eine Weile auf meinem Smartphone, ich ging weiter ohne Meditation durchs Leben.

Bis ich eines Abends unruhig im Bett lag. Katja hatte sich spontan zum Übernachtungsbesuch eingefunden und sich, ohne zu fragen, in mein Bett gekuschelt. Trotz ihrer hageren Gestalt nahm sie die Hälfte des Bettes ein und mir die Luft zum Atmen. Dabei brauchte ich einen erholsamen Schlaf, der stressige Alltag forderte mich und meine Auszeiten waren wichtig.

Um mich abzulenken, scrollte ich durch Instagram, las auf Twitter Nachrichten und chattete mit Freunden. Ich ignorierte Katja so gut es ging, doch sie stupste mich immer wieder an.

»Ich will jetzt schlafen, lass mich in Ruhe«, sagte ich und drehte mich demonstrativ zur Seite.

»Oh, menno, wir müssen aber so viel bereden.«

»Nein.«

»Doch, an Schlaf ist doch jetzt wirklich nicht zu denken.«

Wütend blieb ich auf meiner Seite liegen und scrollte wieder durch mein Handy, bis mir die Meditations-App auffiel. »Ich meditiere jetzt«, brummte ich in Katjas Richtung, schnappte mir meine Kopfhörer vom Nachtisch und legte mich auf den Rücken.

»Meditation?«, hörte ich Katja noch von der anderen Bettseite aus abfällig fragen, dann hatte ich bereits den Anxiety-Kurs gestartet. Die Einführung übersprang ich, ich wollte gleich schwerere Geschütze auffahren.

Meine erste Meditation zu Hause bewirkte keine Wunder. Aber sie sorgte dafür, dass ich zur Ruhe kam, mein Gedankenkarussell ausschaltete und erschöpft einschlafen konnte – trotz der hageren Gestalt neben mir, die auch irgendwann zu müde war, um mich vom Schlafen abzuhalten.

Ganz nach dem Motto »Einen Versuch ist es wert« fing ich danach an, jeden Abend vor dem Schlafengehen zu meditieren. Erst absolvierte ich den Anxiety-Kurs, der mir half, Katja wahrzunehmen, ihr zuzuhören, aber nicht alles, was sie sagte, für bare Münze zu nehmen, später machte ich doch noch die Einführung, um meinen Atem besser kontrollieren zu können. Irgendwann dehnte ich die Meditationen aus, konzentrierte mich auf die Themen Atem, Fokus und Schlafen, und merkte nach und nach eine Veränderung.

Ich freute mich auf meine allabendliche Meditation. Sie war der perfekte Abschluss eines vollgepackten Tages und läutete den Ruhepart ein. Mein Körper und Geist gewöhnten sich an die kleine Auszeit und schalteten von Meditation zu Meditation besser ab. Das führte dazu, dass ich mich zum Tagesende hin bewusst allem entzog. Kein hektisches Scrollen über das Handydisplay mehr, keine weitere mediale Reizung. Nur die ruhige Stimme aus dem Off und die eigenen Gedanken.

Ich lernte, die negativen Gedanken wahrzunehmen, aber sanft zur Seite zu schieben und Raum für Gedanken zu machen, die es wert sind, sich mit ihnen auseinanderzusetzen. Mit jeder weiteren Meditation gelang es mir besser, meinen Gedanken freien Lauf zu lassen und loszulassen. Mich frei zu machen von allem, was mich belastete oder gerade bremste.

Die Ruhe, die ich in der Meditation fand, breitete sich auch tagsüber aus. Ich war entspannter, weniger gestresst und konnte meine Weltuntergangsszenarien immer öfter wie eine kleine Wolke betrachten, die ich sanft zurück in den Himmel schubste. Bei innerer Unruhe oder Nervosität öffnete ich die App und legte eine Meditations-Powerauszeit ein. Zehn Minuten Zeit, um zur Ruhe zu kommen, mich zu erden und dann mit frischem Elan und sortierten Gedanken wieder an die Aufgabe zu gehen. Es funktionierte.

Selbst Katja bemerkte meine Veränderung. »Du bist ruhiger geworden«, sagte sie an einem Tag, an dem sie sich eigentlich auf einen Einsatz eingestellt hatte. »Da kann ich ja gleich wieder gehen.«

52

Es sind die simplen Dinge, die zu Ruhe und Entspannung führen. Als ich anfing, besser auf mich achtzugeben und genau in mich hineinzuhorchen, was ich wirklich gerade brauche, veränderte ich nicht nur mich, sondern auch meine Sicht aufs Leben und auf mein Umfeld. Menschen sind unterschiedlich, jede*r von uns hat ein anderes Stresspensum und -empfinden. Während der eine Kraft bei Unternehmungen schöpft, zieht die andere Energie aus der Zeit allein mit sich. Beides ist in Ordnung, solange jede*r nach seinen Bedürfnissen handelt und sich gibt, was er oder sie im Moment gerade braucht. Das Wichtigste ist, dass wir auf uns hören, uns loslösen von Vergleichen und Erwartungen und auf unseren Körper wie Geist hören.

Seit zwei Jahren meditiere ich jeden Tag. Seit zwei Jahren genieße ich meine kleine Auszeit vom Alltag, und ich glaube, auch Katja findet meine Meditationsrunde ganz okay. Sicherlich ist sie kein Allheilmittel, aber sie hilft mir, mit Stress, innerer Unruhe und Ängsten klarzukommen und Momente der Ruhe zu finden, wenn Katja mich mal wieder fast wahnsinnig macht, an mir und meinen Nerven zerrt.

Neben der Meditation und dem Sport habe ich noch ein paar weitere Strategien für ein achtsames und ruhigeres Leben entdeckt, die einiges verändert und verbessert haben:

1. Rausgehen und die Natur erleben

Nimmt die innere Unruhe oder der Stress überhand, gehe ich raus. Ich lasse mir den Kopf durchpusten und alle Ärgernisse hinter mir. Ein Spaziergang an der frischen Luft kann Wunder bewirken. Am besten abschalten kann ich in der Natur. Dann, wenn mich keine Stadtgeräusche stören, ich nur das Knistern des Waldweges unter meinen Füßen höre und den Vögeln beim Kreisen zusehe. Die Auszeit in der Natur hat eine ganz ähnliche Wirkung wie eine Meditation.

2. Bewegung – zu Hause oder im Freien

Manchmal reicht es auch, die überschüssige Energie und den Stress einfach abzuschütteln. Ob im Wohnzimmer eine halbe Stunde wild tanzen oder zehntausend Schritte am Tag: Bewegung tut gut und fordert unseren Körper. Das wiederum führt zu Ausgeglichenheit und Entspannung.

3. Eine feste Tagesstruktur haben

Als Freelancer*in ist es nicht immer leicht, eine feste Tagesstruktur einzuhalten. Zu groß ist die Verführung, zum Beispiel in arbeitsintensiven Phasen bis in die Nacht zu arbeiten. Doch das hat seinen Preis: Sich müde von Tag zu Tag zu schleppen kostet nicht nur Energie, sondern wird auch schnell zum Stressfaktor, wenn man durch die Müdigkeit nur die Hälfte von dem schafft, was man sich vorgenommen hat. Was ich in den vergangenen Jahren gelernt habe, ist, dass eine Tagesstruktur mit Feierabend extrem wichtig ist. Ich versuche, jeden Tag zur selben Zeit aufzustehen und mir vor der Arbeit mindestens eine Stunde fürs Wachwerden und Fertigmachen Zeit zu nehmen. Auch achte ich darauf, möglichst acht Stunden Schlaf zu bekommen. Denn nur, wenn ich mich fit und ausgeschlafen fühle, habe ich genügend Energie.

4. Auszeiten schaffen und Pausen gönnen

Wer kennt das nicht: Die Arbeit stapelt sich, die Mittagspause wird vor dem Laptop oder am Arbeitsplatz verbracht. Jede*r Lehrmeister*in in Achtsamkeit würde hier laut »halt« rufen, denn Auszeiten sind wichtig. Ich plane bewusst Pausen in meinen Alltag ein, in denen ich mich nicht vom Stress leiten lasse, sondern einfach nur im Jetzt bin. Das fängt bei einem ruhigen Morgen an, geht über eine entspannte Mittagspause bis hin zum Feierabend, an dem das Handy im anderen Raum liegen bleibt.

5. Digital Detox

Apropos Handy. Wie oft wir unbewusst zum Handy greifen, fällt uns meist gar nicht mehr auf. Wir scrollen beim Essen durch Instagram, lesen auf dem Weg zur Arbeit die Nachrichten und checken alle fünf Minuten WhatsApp. Digitale Auszeiten tun mir gut, um mich zu erden und wieder mehr bei einer Sache zu sein. Also lege ich mein Handy hin und wieder weg und fokussiere mich bewusst auf das, was ich gerade mache. Das kann ein Spaziergang sein, ein Buch, ein Gespräch oder ein Essen. Wer achtsam lebt und sich bewusst nur einer Sache widmet, kommt zur Ruhe – und kann diese eine Sache auch ganz anders genießen.

6. Rituale einführen

Kleine Rituale machen mir Freude und strukturieren meinen Tag. Sei es eine Morgenroutine mit Yoga und einer Tasse Tee, das Meditieren und Lesen vor dem Schlafengehen oder der Feierabendspaziergang nach Hause: Rituale, die mir guttun, lassen mein Herz hüpfen und sorgen dafür, dass ich auch in stressigen Zeiten Routine und Ruhe finde. Diese Rituale können für jede*n anders aussehen, Hauptsache, sie machen Spaß!

7. Regelmäßig und gesund essen

Das mag absurd klingen, aber ich gehöre zu den Menschen, die in hektischen Zeiten leicht das Essen vergessen können. Früher setzte ich mich manchmal morgens an den Laptop und wurde erst um vierzehn Uhr von meinem knurrenden Magen ans Essen erinnert. Ausgehungert aß ich dann einfach irgendetwas und fühlte mich weder gut genährt noch fit. Auf sich achtgeben bedeutet aber eben auch, sich gut um sich zu kümmern und seinem Körper die Nährstoffe zu geben, die er braucht. Ich achte also darauf, dass ich dreimal am Tag gesund und reichhaltig esse. Und siehe da: Die Energie ist plötzlich da, ich schlafe besser und mein Körper kann endlich das leisten, was ich von ihm fordere.

8. Dankbarkeit

Hin und wieder tut es auch einfach gut, innezuhalten und sich bewusst zu machen, was man schon alles erreicht hat. Dass es nicht unbedingt immer höher und weiter gehen muss, sondern dass die Situation hier und jetzt eigentlich schon ziemlich toll ist. Dankbarkeit für das eigene Leben, für die Gesundheit, den Wohlstand und Frieden, aber auch für die kleinen Dinge, wie einen sonnigen Tag, das Lächeln des Postboten oder den Anruf der Freundin, zeigt: Das Leben ist schön. Zufriedenheit stellt sich ein, der Druck, noch mehr leisten zu müssen, sinkt.

Und was hat das jetzt alles mit der nervigen Angst zu tun? Ziemlich viel. Denn je ausgeglichener man ist und je besser man auf sich achtgibt, desto seltener kommt die Angst. Der Kopf und die Seele brauchen Auszeiten, Luft zum Atmen, und mit etwas Achtsamkeit in seinem Leben baut man sich einen weichen Kokon, der Unruhe und Stress abfedert. Womöglich findet es die Angst erst mal ziemlich doof, wenn ihr anfangt, euch mehr um euch selbst zu kümmern. Sie wird laut widersprechen: »Hör auf mit dem Schmarrn, das bringt doch nichts.« Kein Wunder, sie will ja schließlich weiterhin an eurer Seite bleiben und das Sagen in eurer Beziehung haben. Aber wie wir wissen: Nicht alles, was die Angst sagt, stimmt.

53

Es ist 18:43 Uhr. Ich schlucke. Vier Stunden muss ich noch durchhalten. Mir wird heiß, ich rutsche unruhig auf dem Bürostuhl hin und her. Neben mir tönt CNN aus dem Fernseher. Seit zehn Jahren arbeite ich in der Redaktion, seit zehn Jahren leite ich immer mal wieder die Spätdienst-Redaktion. Zehn Jahre lang war dieser Platz ein sicherer Ort. Als würden die Türen Katja davon abhalten, hereinzukommen. Immer wieder wuchs ich hier sogar über mich hinaus, fuhr spontan zu Terminen und Tatorten und machte einen guten Job. Doch irgendetwas hat sich verändert. Denn an diesem Abend im März 2018 sitzt Katja neben mir.

»Haste etwa gedacht, ich komm hier nie rein?« Um ehrlich zu sein: ja. Ich dachte, es würde einfach diese sicheren Orte geben, an denen ich vor Katja keine Angst haben muss. Die Redaktion war einer von ihnen. »Tja, du weißt doch, je weniger du auf mich hörst, desto penetranter werde ich.«

Ich nicke. Mein Körper zittert, und ich überlege fieberhaft, wie ich es nur bis 22:30 Uhr aushalten soll. Ich trage heute Abend die Verantwortung, ich liebe diesen Job und ich will ihn mir keinesfalls von Katja nehmen lassen.

Ich beschließe, der Angst keine Chance zu geben, und sage zu meiner Kollegin: »Ich bin gleich wieder da.« Hastig eile ich in Richtung Toilette, lasse kaltes Wasser über meinen Puls laufen. »Ich schaffe das. Es kann mir nichts passieren«, murmele ich. Am liebsten würde ich sofort nach Hause fahren.

»Pfff«, höre ich es hinter mir. »Wer weiß, ob du es überhaupt noch alleine bis nach Hause schaffst?« Katja steht mit verschränkten Armen mitten im Raum.

»Bitte was?«

»Na, kann doch sein, dass es dir so schlecht geht, dass du es gar nicht mehr bis nach Hause schaffst.«

Die Übelkeit nimmt überhand, ich möchte mich setzen, doch meine Beine sind so weich und zittrig, dass ich sie lieber bewege. Ich fühle mich hilflos und gefangen. Ich will nicht hier sein – oder vielleicht doch? –, aber auch nicht alleine heim.

»Tja, ich habe dir immer gesagt, wer nicht hören will, muss fühlen«, ruft mir die Angst noch zu, dann verlässt sie die Toilette. Ich höre nur, wie die Tür hinter ihr zufällt. Ich schlucke mühsam, das Atmen fällt mir schwer. Mein ganzer Körper ist im Fluchtmodus, doch ich bleibe.

Irgendwie stehe ich den Abend mit Katja an meiner Seite durch. Gott sei Dank ist meine Kollegin da, so fühle ich mich nicht ganz so allein und hilflos. Erschöpft wie nach einem Marathon radle ich am Ende der Schicht voller Furcht nach Hause und lasse mich müde auf den Boden in meiner Wohnung fallen. Endlich bin ich in Sicherheit. Die Tränen kommen, ohne dass ich es möchte. Ich will stolz auf mich sein, weil ich in der Redaktion geblieben bin, und doch sitzt der Schock, dass selbst dieser sichere Ort nicht sicher genug war, zu tief.

»Ich kann nicht mehr«, sage ich mir im dunklen Flur.

»Ich weiß«, sagt Katja, die plötzlich wieder da ist. »Wir gehen jetzt mal schön auf Anfang.«

Was Katja an jenem Abend damit meint, ahne ich noch nicht. Doch ich spüre es die nächsten Tage und Wochen. Kein Ort ist mehr sicher, selbst in meiner Wohnung wechseln sich Angst und Unruhe ab. Ich tigere hin und her in meinen vier Wänden, jeder Gang zum Supermarkt wird zum Spießrutenlauf. Mein Umkreis wird immer enger, meine Kraft immer weniger. Katja ist an meiner Seite, Tag und Nacht, und lässt in keiner Situation locker. Bis ich einbreche und endgültig den Pauseknopf drücke.

Ich kapituliere. Die Angst und ich, wir gehören zusammen –

und je länger ich das verleugne, desto mehr Raum nimmt sie in meinem Leben ein. Ich bin das erste Mal seit Jahren wieder ehrlich zu mir und anderen. Keine Ausreden, keine vorgeschobenen Termine, einfach nur die Wahrheit.

»Ich bin krank«, sage ich zu meinen Chefs.

»Ich bin krank«, sage ich zu meinen Freund*innen.

»Ich habe eine Angststörung«, sage ich zu mir.

»Na endlich«, sagt Katja. »Wurde ja auch Zeit, dass du mal zu unserer Beziehung stehst. Hättest du einfacher haben können.«

54

Die Krise traf mich mit voller Wucht.

In all den Jahren hatte ich zwar die Diagnose der Angststörung gekannt, sie jedoch immer weit von mir geschoben. Ich hatte offen kommuniziert, dass ich hin und wieder Ängste habe, aber gleichzeitig behauptet, dass das alles gar nicht so schlimm sei und überhaupt keinen Einfluss auf mein Leben habe. Ich hatte die Angst zu einer Nebensache erklärt, zu einer lästigen Verwandten, die es galt, möglichst gut aus meinem Leben herauszuhalten. Ich hatte zwar versucht, ihr zuzuhören und Achtsamkeit zu praktizieren, war aber doch immer wieder in alte Muster im Umgang mit mir und Katja verfallen.

Bis endgültig nichts mehr ging.

Plötzlich sah ich die Krankheit. In jenem Moment, in dem die kleinsten Sachen mit einem Mal unmöglich schienen, erkannte ich, dass ich krank bin. Dass ich nicht versage und ständig scheitere, sondern schlichtweg eine Krankheit habe. Wie ein Beinbruch, nur langwieriger und nerviger. Vielleicht auch etwas komplizierter. Aber etwas, das man ernst nehmen und auskurieren muss.

Hatte ich vorher schon Geduld gepredigt, wurde sie mir jetzt abverlangt. Die dreihundert Meter zum Supermarkt oder zur Apotheke verursachten mir schon Herzklopfen, wenn ich nur aus der Wohnungstür trat. Katja begleitete mich überallhin und zerrte immer wieder an meiner Jacke. »Lass uns umdrehen, du bist noch nicht so weit. Ruh dich weiter aus.« Ich schüttelte den Kopf und war selbst nicht sicher, ob ich den Weg wirklich schaffen würde, ohne tot umzufallen.

Mein Aufregungslevel entsprach dem aller Abiturienten eines Jahrgangs vor dem Mathe-Abitur zusammengenommen, gepaart mit dem Gefühl, keine Aufgabe mehr lösen zu können. Immer wieder blieb ich stehen, kurz davor, doch auf dem Absatz kehrtzumachen. Verzweifelt schrie ich die Angst an: »Warum jetzt? Warum so schlimm wie noch nie?« Sie zuckte mit den Schultern, ich verkniff mir die Tränen und schleppte mich auf wackeligen Beinen weiter.

In der Apotheke angekommen, hastete ich zur ersten Verkäuferin und orderte Halsschmerztabletten. Während mir die Panik den Nacken hochkroch, warf ich der Apothekerin einen Zehneuroschein hin, kratzte das Rückgeld zusammen und stürzte wieder hinaus. Im Normalfall wäre das der Moment gewesen, in dem die Angst Adieu gesagt hätte. Doch jetzt war nichts mehr normal. Auch auf dem Rückweg piesackte sie mich und zwang mich, mir den nächsten Gang zur Apotheke oder zum Supermarkt mehr als gut zu überlegen.

Tatsächlich setzte ich in diesen Wochen alles auf Anfang. Ich nahm mir eine Auszeit, verließ die Redaktion und schrieb nur noch für mein Onlinemagazin, bei dem ich dank meiner wunderbaren Kolleginnen auch immer mal wieder weniger machen kann. Gesund zu werden hatte nun oberste Priorität. An manchen Tagen ruhte ich nur aus, schlief viel und ließ Körper und Seele sich erholen. Ich drückte den Resetknopf.

Ich war krank. Eine Einsicht, die ich all die Jahre unbewusst verdrängt hatte. Die jetzt, wo ich meine Krankheit in jedem Lebensbereich spürte, jedoch alles veränderte.

55

»Wie besiegt man eine Krise, wenn sie einen einfach überrollt?«, frage ich meinen Therapeuten Peter Ibbetson am Telefon.

Hinfahren und mit ihm reden – allein bei dem Gedanken hat mich Katja schon ausgelacht. »Du weißt doch, alles auf Anfang.« Jaja, also telefoniere ich erst mal.

»Streichen Sie das gleich mal als Erstes. Diese Krise hat Sie nicht einfach überrollt.«

Ich widerspreche. »Na ja, ich mache doch schon alles, damit es mir besser geht. Ich achte auf mich, ich mache Yoga und Sport, ich meditiere, und ich habe mein Stresspensum wirklich reduziert.«

»Vielleicht ist das nicht alles?«

»Vielleicht«, murmele ich – und bin wenig zufrieden. Für mich fühlt sich die Krise wie eine Welle an, die sich innerhalb weniger Minuten zum Tsunami entwickelt hat. Und ich bin diejenige, die japsend im tosenden Meer nach Luft schnappt und den rettenden Baum nicht findet.

Doch auch Tsunamis entstehen nicht einfach so. Ein Meerbeben löst sie aus, sie entwickeln sich aus dem Druck, den die Erdplatten verursachen, wenn sie sich bewegen. Oberirdisch nimmt man jedoch nur die Flutwelle wahr, oft erst Stunden nach dem eigentlichen Auslöser.

Hatte auch diese Krise einen Auslöser? Habe ich wichtige Anzeichen übersehen? Je länger ich darüber nachdenke, desto klarer wird mir: Katja hat mich Monate, ja sogar ein Jahr lang vorher schon gewarnt, immer wieder. Aber ich habe in keiner Weise auf sie gehört. Ich habe ihre Warnzeichen weggeschlagen, wie eine lästige Mücke, und einfach weitergemacht. Obwohl ich es ihr anders versprochen hatte.

»Kannst du dich noch an Weihnachten erinnern?«, fragt sie mich am Abend im Bett, als ich wieder grübele, wie ich mich in diese Situation manövriert habe.

»Na klar.«

»Da hast du wochenlang auf diese zwei Wochen Urlaub hingearbeitet und bist völlig erschöpft in die Feiertage gestartet.«

»Ja, und?«

»Na ja, in den Tagen davor habe ich doch schon ein paar Hinweise gegeben, dass du das neue Jahr vielleicht nicht genauso beginnen solltest, wie du das alte beendet hast, oder?«

Ich überlege. Tatsächlich erinnere ich mich, dass ich in den vier Wochen vor Weihnachten die Tage zählte, bis ich endlich freihaben würde. Dass ich immer erschöpfter wurde und mich einzig an die Feiertage klammerte, die bevorstanden. Dass ich aber damals schon mit schwerem Herzen an den Januar und den weiteren Stress dachte.

»Du hast zwar zwei Wochen Pause gehabt, aber du hättest vermutlich acht Wochen gebraucht.«

Ich nicke stumm. Katja hat schon wieder recht. Warum habe ich das nicht selbst erkannt?

»Na ja, nehmen wir es mit Humor. Jetzt hast du deine Pause.«

Ich weiß nicht, ob ich lachen oder weinen soll. Katja trifft den Nagel auf den Kopf. Doch so habe ich mir eine erholsame Auszeit wirklich nicht vorgestellt.

56

Die ersten Tage und Wochen meiner bisher größten seelischen Krise machten vor allem eines mit mir: Ich entwickelte noch mehr Angst. Angst, dass ich meine Jobs verlieren würde. Angst, dass mich die Menschen nicht mehr als die, die ich war, wahrnehmen und in eine Schublade stecken würden. Und vor allem Angst, dass Katja endgültig die Regie über mein Leben übernehmen und diese neue Realität ab jetzt Normalität sein würde.

Denn nicht mal mehr alleine zum Supermarkt gehen zu können, weil man vor Unruhe und Übelkeit zu ersticken droht, ist schrecklich. Ich fühlte mich so hilflos. Täglich sagte ich mir: »Ich bin zwar gerade sehr krank, aber ich werde auch wieder gesund.« Das half mir, nicht sofort aufzugeben, sondern pragmatisch mit der Krise und – wie es mich die Achtsamkeit gelehrt hatte – gnädig mit mir umzugehen.

Auch wenn ich mir eine andere Normalität wünschte, war diese nun mal für den Moment meine. Also weihte ich meine Familie und meine Freund*innen ein und erklärte, dass ich in der nächsten Zeit ihre Unterstützung brauchen würde. Der Schritt fiel mir wahnsinnig schwer. Meine Schwäche vor anderen zuzugeben und um Hilfe zu bitten hatte ich mir in den vergangenen Jahren abtrainiert. Jetzt wie ein Häufchen Elend vor ihnen zu sitzen und zu sagen: »Ich brauche euch«, ließ mich selbst erschaudern. Doch ich tat es, denn ich hatte keine andere Wahl.

»Wir sind für dich da.« Fünf Worte, die so viel Erleichterung brachten, wie ich es mir kaum erhofft hatte. Ausnahmslos alle, die ich um Hilfe bat, waren betroffen, ergriffen und vor allem entsetzt, dass ich meine Ängste so lange vor ihnen kleingeredet hatte. Gleichzeitig waren sie alle so motiviert, mit mir Schritt für Schritt wieder in mein altes Leben zu gehen, dass eine riesige Last von meinen Schultern fiel. Ich wusste, ich würde berufliche Termine weiterhin wahrnehmen können, denn ich hatte eine Armee an Freund*innen, die mich hinbegleiten und auch wieder abholen würden. Ich wusste, ich würde nicht die Kontrolle über mein Leben verlieren, denn ich war nicht allein in diesem Kampf gegen die Krankheit.

Noch heute bin ich unendlich dankbar, für die grenzenlose Liebe, die mir damals entgegenschlug. Für die großartigen Menschen, die in einer meiner schlimmsten Zeiten nicht die Flucht ergriffen, sondern mich umarmten und gemeinsam mit mir durch den dunklen Tunnel gingen.

Die Angst wurde kleiner, ich fühlte mich wieder leichter. Allein das Wissen, dass ich jederzeit meine Familie und meine Freund*innen anrufen konnte, gab mir die Energie, wieder alleine einkaufen zu gehen und kleine Kreise in meiner gewohnten Umgebung zu ziehen. Den größten Teil meiner Arbeit verlagerte ich ins Homeoffice, manchen Arbeitgeber*innen sagte ich offen, dass ich an einer Angststörung litt und gerade nicht an Meetings vor Ort teilnehmen konnte. Ich war schonungslos ehrlich und erntete meist Anerkennung und Verständnis. Bei wichtigen beruflichen Terminen begleiteten mich Freund*innen und schleppten mich danach manchmal noch in ein Restaurant, um den Erfolg zu feiern.

Zwei Monate nach der Krise stand ich das erste Mal wieder alleine bei einem Job. Aufgeregt, aber auch wahnsinnig stolz. Auch wenn sich mein innerer Anspruch meldete und sagte: »Früher wäre das ohne Problem gegangen«, wusste ich es besser. Früher war Vergangenheit. Meine neue Realität waren Babysteps zurück in ein Leben ohne permanente Angst. Dass ich Katja niemals ganz loswerden würde, war mir inzwischen klar. Aber ich wollte ein Leben, in dem ich das Sagen habe.

»Ist mir auch recht«, meinte Katja – und gab mir Woche für Woche wieder mehr Freiraum.

Ich machte weiter, nahm mir die Zeit, die ich brauchte, auch wenn ich manchmal ungeduldig auf meine Heilung wartete. Mein Therapeut schimpfte mich, wenn ich wieder einmal von »früher ging das auch« sprach. »Vergessen Sie das!«

Von außen sahen manche Menschen gar keinen Fortschritt, sorgten sich darum, dass ich vielleicht für immer in meinen vier Wänden sitzen würde. Doch ich selbst erkannte ihn. Ich wusste, dass ich mich nach und nach wieder in meine Freiheit kämpfen würde. Ein Leben in meiner sicheren Wohnung erschien mir langfristig dann doch zu eng und zu langweilig. Ich beschloss, mich nicht mehr permanent für meine neue Normalität zu verurteilen, sondern auch die kleinsten Erfolge bewusst wahrzunehmen und zu würdigen. Denn jeder Schritt zählt. Weder ein Beinbruch noch eine Krise heilen von heute auf morgen. Es gibt Fortschritte, Rückschritte, manchmal auch Phasen des Stagnierens. Keine Heilung ist linear, auch im Prozess des Gesundens gibt es Aufs und Abs. Die meiste Zeit macht man Babysteps, und auch die bringen einen ans Ziel.

57

Fast zwei Jahre ist meine Krise nun her. Es hat sich viel verändert. Der Kreis, in dem ich mich frei und unbeschwert bewege, ist heute natürlich wieder weiter. Ich meide zwar immer noch die U-Bahn, aber ich meistere ohne Probleme Events bei PR-Agenturen und Fototermine und freue mich über jeden Schritt, der mich weiter in ein unabhängiges Leben führt.

Gemeinsam mit Katja. Denn heute habe ich die Angst voll und ganz in mein Leben integriert. Die Krise hat mir gezeigt, wie anstrengend es ist, Normalität aufrechtzuerhalten, wenn das bedeutet, dass ich ständig meine Angst von mir wegschieben muss. Dabei gehört sie zu mir wie mein Job, meine Freund*innen, wie meine Leidenschaft für True Crime und gute Bücher. Sie ist ein Teil von mir, den ich nicht mein Leben lang verleugnen kann. Meine Angst wertet mich nicht ab oder macht mich zu einem weniger liebenswerten Menschen. Zugegeben – das zu verstehen und zu akzeptieren hat seine Zeit gedauert.

Die Angst anzunehmen bedeutet für mich aber keinesfalls, gutzuheißen, wenn ich auf der Stelle trete, oder zu resignieren, wenn ich einen Rückschlag in Kauf nehmen muss. Stattdessen erkenne ich meinen Zustand an als das, was er ist, und höre auf, gegen etwas anzukämpfen, das eben zu mir gehört. Also habe ich mit Katja Freundschaft geschlossen. Unter der Prämisse, dass ich das Sagen habe.

»Na gut, aber nur, wenn du es nicht mehr so weit kommen lässt wie vor deiner Krise.«

»Keine Sorge, dahin zurück will ich auf keinen Fall.«

Heute bin ich dankbar, wenn Katja anklopft und mir durch Nervosität und Unruhe signalisiert, dass es an der Zeit ist, einen Gang herunterzuschalten. Ich habe aufgehört, in solchen Momenten wütend auf meinen Körper und meine Seele zu sein, sondern erkannt, dass ich dann einfach ein bisschen mehr auf mich achten muss. Und damit meine ich, wirklich auf mich achten. Die Schrecken der Krise stecken mir noch in den Knochen.

Also sehe ich genau hin und suche nach den Gründen, aus denen Katja mal wieder vor der Tür steht. Mit jedem ihrer Besuche lerne ich mehr, herauszufinden, was mir guttut und was nicht und was ich langfristig ändern muss, damit ich mich besser fühle.

So wachse und entwickle ich mich als Mensch weiter – auch dank meiner Angst.

58

Es funktioniert. Katjas Besuche werden weniger. Statt ihrer klopft immer öfter das Gefühl meines alten Lebens an. Zumindest das Gefühl der Freiheiten dieses Lebens. Denn so ganz will ich mein altes Ich und meine Einstellungen von damals gar nicht zurück.

»Das finde ich gut«, sagt Katja eines Abends zu mir. »Dass du mich jetzt anders siehst.«

»Ja?«

»Ich bin froh, dass wir endlich vernünftig miteinander reden.«

»Ich gebe es nicht gerne zu, aber ich auch.«

»Ich kann sogar damit leben, dass du das Sagen hast.«

»Ehrlich?« Noch immer traue ich der Angst nicht ganz über den Weg. Aber Vertrauen muss wachsen, das braucht eben seine Zeit.

»O ja. Erinnerst du dich an letzte Woche, als du einen Termin hattest und ich nach langer Zeit mal wieder bei dir auftauchte?«

»Du meinst den Agenturbesuch, bei dem ich am Vormittag schon Magengrummeln hatte?«

»Genau. Eigentlich wolltest du absagen, da ich gerade durch die Tür gekommen war. Aber du bist trotzdem hingefahren.«

Ich erinnere mich. Ein Showroomtermin in der Innenstadt. Eigentlich kein Problem. Doch an diesem Tag fühlte ich mich gestresst und schwach. Ich war innerlich unruhig und haderte mit mir, war unsicher, ob ich nicht vielleicht besser daheimbleiben sollte. Doch ich hatte meinen Besuch versprochen.

»Ja, ich bin trotzdem hingefahren, aber du hast es mir auf meinem Gepäckträger sitzend nicht leicht gemacht.«

»Ich weiß. Ich war unsicher, ob du dich damit womöglich übernimmst. Ich wollte auf dich aufpassen.«

»Ich finde immer noch, Übelkeit und innere Unruhe sind kein adäquates Mittel für Liebesbeweise.«

»Jaja, da sind wir eben unterschiedlich.« Katja verdreht die Augen.

An jenem Nachmittag radelte ich unter Angst-Übelkeit, die ich mittlerweile sehr gut von normaler Übelkeit unterscheiden kann, in Richtung Innenstadt. Ich war wütend auf Katja, die mir anscheinend meinen Termin versauen wollte. Gleichzeitig war mir klar, dass ich eigentlich zu viel Stress hatte und deswegen vielleicht einfach unruhiger war als sonst. Trotzdem radelte ich weiter. Ich wusste, dass ich mittlerweile wieder genug innere Ressourcen hatte, um mich auch mit Angst im Gepäck herausfordernden Situationen auszusetzen. Denn Konfrontation ist wichtig, wenn die Ressourcen da sind. Sich der Angst stellen, mit der Angst durch die Situation gehen und merken, trotz Übelkeit kann einem nichts passieren. An Tagen, an denen ich nervös und unruhig bin, fällt es mir schwer, ich schwanke zwischen Selbstfürsorge und Herausforderung. Doch an diesem Tag sagte mir meine innere Stimme, dass ich es schaffen kann, auch wenn Katja mich nervt.

Im Showroom angekommen, sprach ich es lieber gleich offen aus: »Ich fühle mich nicht so wohl, kann sein, dass ich gleich wieder gehen muss.«

»Kein Problem, Antonia, schön, dass du da bist.«

Ich blieb, trank einen Schluck Wasser und bestaunte die neuesten Kollektionen.

»Also, ich fand die Klamotten langweilig«, höre ich Katja.

»Ich nicht.«

»Ich weiß, deswegen bin ich dann auch irgendwann abgehauen. Du brauchtest meine Hilfe offensichtlich doch nicht.«

»Heißt das, auch du irrst dich manchmal?«

Katja verzieht die Miene. Ich warte auf eine Antwort.

»Ja, kann ich doch nicht wissen, dass du nach all den Jahren wirklich weißt, was du schaffst und was nicht.«

»Stimmt. Das war ja auch eine ziemliche Achterbahnfahrt, nicht?«

»Da sagst du was.«

Umarmt haben wir uns nicht. Aber ein kurzes Lächeln kam mir dann doch über die Lippen.

59

Heute höre ich der Angst zu. Seit meiner Krise nehme ich ihre Worte wirklich ernst und überlege, worauf sie mich hinweisen will. Wann immer sie auftaucht, hinterfrage ich mich und mache mich auf die Suche nach den Auslösern für ihren Besuch. Erkenne ich sie, weiß ich in der Regel, was zu tun ist. Trotzdem bleibt es ein Abwägen zwischen Ruhe und Herausforderung.

Manchmal hat Katja recht, dann brauche ich eine Pause und muss aufpassen, mich nicht zu überfordern. Das bedeutet dann: ausruhen, Termine verschieben oder grundsätzlich wieder ein bisschen achtsamer mit mir selbst umgehen. Ich versage oder vermeide nicht, sondern handele nach meinem Bedürfnis.

Manchmal kommt es aber durchaus vor, dass Katja vorschnell urteilt, ich stark genug bin und auch in stressigen Phasen mehr schaffe, als sie und ich selbst mir zugetraut hätten. Dann heißt es, nicht vermeiden, sondern trotzdem rein in die angstbesetzte Situation, denn auch die Angst muss erst lernen, dass ich sie nicht mehr brauche. Das bedeutet aber auch, dass ich ganz genau hinhören muss, um Fehlalarme von echten Alarmen unterscheiden zu können. Konfrontation – immer dann, wenn ich es will und die Ressourcen dafür habe.

Ich kämpfe nicht mehr gegen die Angst, sondern nehme sie an. Ich versuche, sie nicht mehr krampfhaft abzuschütteln, sondern mit ihr durch die angstbesetzte Situation zu gehen. Je weniger ich dabei gegen die Übelkeit, Anspannung und Unruhe angehe, desto schneller verfliegen die Gefühle. Ich lasse los. Gelassenheit hilft in jeder Situation.

Ich kann mein Leben nicht komplett beherrschen. Es wird immer wieder Situationen geben, in denen ich die Kontrolle abgeben und mich überraschen lassen muss. Das Einzige, was ich kontrollieren kann, ist die Haltung zu meinen Gefühlen. Ich bin ihnen nicht hilflos ausgeliefert, sondern kann sie annehmen und akzeptieren, ihnen Raum geben und sie fühlen. Die positiven wie die negativen.

Stehe ich jetzt in einem Stau, versuche ich aufkommende Panik mit Gedanken wie »Es ist, wie es ist« zu beantworten. Kein Stau dauert ewig, auch eine Panikattacke ist in der Regel nach dreißig Minuten vorbei, Angstphasen kann ich aushalten. »Es ist okay, dass ich mich jetzt nicht so gut fühle, denn Staus sind immer noch schwierig für mich. Aber auch dieser Stau geht vorbei, und ich kann die Situation jetzt nicht ändern.« Also nehme ich die Situation an, atme ein bisschen tiefer ein und aus und versuche, mich zu entspannen.

Katja ist in solchen Momenten immer noch in Alarmbereitschaft. Doch ich bin die Chefin. Und sage zu ihr und mir: »Entspann dich!«

60

In einer Gesellschaft, in der kein Platz für Schwäche und Nichtfunktionieren ist, fühlt man sich schnell als Versager*in. Wieder etwas nicht geschafft, was Tausende andere vermeintlich ohne Probleme meistern. Aber wie sagt meine Mutter immer? »Wir sind nicht die anderen.« Jede*r von uns ist individuell – und jede*r von uns hat seine beziehungsweise ihre Stärken und Schwächen. Meine Oma würde wohl noch hinzufügen: »Gut Ding will Weile haben.« Manche Dinge brauchen eben ihre Zeit. Nur weil du gerade noch nicht da bist, wo andere vielleicht schon sind und wo du selbst auch so gerne stündest, hast du noch lange nicht versagt. Du brauchst einfach deine Zeit. Dafür bist du in anderen Dingen stärker, schneller und überhaupt mindestens genauso viel wert wie alle anderen Menschen auf diesem Planeten.

Anstatt gegen die eigenen Gefühle anzugehen und sich ständig dafür zu verurteilen, etwas nicht zu schaffen, hilft es, loszulassen und diese Gefühle anzunehmen. Es ist okay, wenn man mal schwach ist. Es ist auch okay, um Hilfe zu bitten. Es ist okay, nicht okay zu sein. Denn niemand von uns ist sein ganzes Leben lang stark.

Die eigene Verletzlichkeit anzuerkennen, sich einzugestehen, dass man gerade nicht so stark ist, wie man es sich wünscht, ist hart. Aber es gibt einem auch die Freiheit, so zu sein, wie man sich wirklich fühlt.

Loslassen hilft, zu wachsen und zu heilen.

Ich habe meine eigene Verletzlichkeit akzeptiert. Ich weiß, dass ich vielleicht ein bisschen mehr auf mich achten muss als jemand, der gesund ist. Aber das ist in Ordnung.

Das Schwierigste war, mein Selbstbild mit der Krankheit in Einklang zu bringen. Zu erkennen, dass ich erfolgreich und tough sein kann, aber auch schwach und ängstlich. Dass ich verletzlich bin, aber auch stark. Dass sich Mut und Angst nicht ausschließen. Genauso wenig wie Erfolg und Schwäche. Dass ich Antonia bin, Journalistin und Bloggerin, Freundin und Schwester. Ich mag Katzen. Und Pizza. Ich liebe die Natur und den Geruch von frisch gemähten Wiesen. Im Wald fühle ich mich wohl, Berge lassen mein Herz springen. Ich trinke Tee, dafür niemals Kaffee. Die Farben Schwarz, Weiß und Grau liebe ich, dafür kommt mir niemals Pink aufs Kleid. Ich liebe True-Crime-Storys, kann nicht ohne Aktenzeichen XY leben und schaue Horrorfilme auch mal alleine. Nachrichten sind mein tägliches Elixier, Schreiben mein Ventil. Ich liebe es, nachts alleine Auto zu fahren, lese sehr schnell und könnte jeden Tag ein Eis essen. Ich trinke im Winter ständig Ingwertee und freue mich über den ersten Schnee wie ein Kind. Ich bin schlecht im Planen, für spontane Treffen hingegen jederzeit zu haben. Mein Herz ist zart, mein Humor immer ein bisschen trocken, Ironie mein ständiger Begleiter. Empathie ist mein zweiter Vorname, gefolgt von Ehrlichkeit und Loyalität. Manchmal bin ich zu direkt, manchmal aber auch schüchtern. Meistens aber nicht. Und die Angst, die gehört zu mir.

Natürlich habe ich noch lange nicht ausgelernt. Aber ich finde jeden Tag ein bisschen mehr heraus, wie es ist, mit meiner Erkrankung zu leben. Denn dass ich das muss, weiß ich jetzt. Und ich weiß, dass ich mehr bin als meine Diagnose, auch wenn ich anerkennen muss, dass es diese Diagnose eben gibt und ich ihre Existenz nicht wegleugnen kann.

Es heißt: Ich habe Angst – und nicht: Ich bin die Angst.

Katja ist ein Teil von mir, aber sie ist nicht ich.

Und diese Erkenntnis ist vielleicht das Beste an unserer Freundschaft.

61

Die Zukunft ist ungewiss.

Katja und ich gehen gemeinsam durchs Leben, nur zerrt sie mich nicht mehr durch die Straßen, sondern ich gehe voraus. Wir haben uns darauf geeinigt, dass ich mich auf kleinere, realistische Ziele konzentriere. Damit ich mich nicht überfordere. Ehrlichkeit mir und Katja sowie meinem Umfeld gegenüber ist wichtig. Ich verspreche nichts mehr, was ich nicht halten kann. Ich kalkuliere Katja als Gepäckstück immer mit ein und habe keine unrealistischen Erwartungen mehr an mich, die mir nur eines bescheren: zu viel Druck und Versagensangst.

Sollte ich dann doch mal wieder scheitern, bestrafe ich mich nicht mehr dafür, dass es nicht geklappt hat. Ich analysiere die Situation und erkenne meist sehr schnell, woran es lag. Manchmal waren es zu hohe Erwartungen, manchmal die Tagesform, manchmal aber auch einfach der falsche Zeitpunkt. Scheitern gehört zum Leben dazu – und mit einer Katja als Freundin erst recht. Dafür feiere ich die kleinen Siege, bin stolz auf mich, wenn ich eine angstbesetzte Situation durchgestanden habe, und hake das nicht mehr mit »Ist ja nichts Großes, so sollte es eigentlich normal sein« ab. Nein, jeder Schritt zählt und darf auch registriert werden.

Ich spreche freimütig über Katja und mich und merke, wie viele Menschen solche Gefühle ebenfalls erleben. Vielleicht nicht immer in dem Ausmaß, in dem ich mit Katja zu kämpfen habe, aber viele kennen eine Verwandte von ihr, die ab und zu mal anklopft. Meine Ehrlichkeit, was die Angst betrifft, öffnet Türen. Seit ich offen damit umgehe, haben meine Gespräche über dieses Thema eine andere Tiefe, nicht nur mit Menschen, die mir nahestehen. Im beruflichen Umfeld falle ich nicht sofort mit der Tür ins Haus, suche aber keine Ausreden mehr, sondern sage auch hier direkt und freiheraus, wenn eine Aufgabe schwierig werden könnte. Meine Erfahrung zeigt: Die meisten Menschen verstehen es und sind froh, wenn man ihnen gegenüber ehrlich ist.

Und die, die es nicht verstehen und verurteilen?

Die gibt es auch. Das ist okay. Nur Freunde werden wir wohl nicht.

62

»Was für eine Angst ist es? Jetzt sag schon.«

Der Ton in ihrer Stimme hat sich verändert. Irgendwas in meiner Bauchgegend sagt mir, dass ich es noch bereuen werde, ihr von meinem Buch erzählt zu haben. Aber die braunhaarige Besucherin der Vernissage hat mich angesprochen, als ich ein Bild betrachtete. Nach ein bisschen Small Talk hat sie mich gefragt, was ich beruflich mache. Eine eigentlich harmlose Frage.

»Ich bin Journalistin und schreibe gerade ein Buch«, habe ich geantwortet.

»Worüber?«

»Über Angst.«

Jetzt habe ich den Salat.

»Also, was für eine Angst? Jetzt verrat's mir halt.«

»Ich habe Ängste«, sage ich. All in. Wenn sie schon so penetrant nachfragt.

»Und was für welche?«

»Ich leide an einer Angststörung, ich fahre momentan beispielsweise nicht mit der U-Bahn.« Das muss reichen. Tut es nicht.

»Wie, du fährst nicht mit der U-Bahn? Das ist doch gestört.«

»Ja, deswegen sage ich ja, ich leide an einer Angst*störung*, und ich wünschte, es wäre anders. Aber ich arbeite daran.«

Die Frau, die ich gerade mal zehn Minuten kenne, verdreht die Augen. »Und was kannst du noch nicht?«, fragt sie in abfälligem Ton.

Ich blicke mich um, die Galerie ist leerer geworden, meine Freundin wandert durch einen anderen Ausstellungsraum.

»Ich fliege zum Beispiel auch nicht gerne.«

Ein Stöhnen weht mir entgegen, sie wird lauter. »Gott, was ist das denn für ein Leben? Du fliegst nicht, du fährst nicht U-Bahn und was weiß ich noch alles. Das geht doch nicht.«

Jetzt seufze ich und nippe zittrig an meinem Glas. Ich bin geschockt, wie persönlich diese Frau mich angeht, gleichzeitig aber auch gewillt, ihr klarzumachen, dass das, was ich habe, eben eine Erkrankung ist und nichts, worüber man die Augen verdreht. »Ich habe mir das nicht ausgesucht, und ich arbeite daran, dass es besser wird.« Ich hoffe, damit ist das Gespräch beendet, und wende meinen Blick wieder den Bildern zu – auch um meine aufkeimende Wut zu unterdrücken.

»Du, jetzt sag ich dir mal was.« Widerwillig drehe ich mich wieder zu der Frau.

»Ja?«

»Deine Ängste gehen niemanden etwas an, mein Gott, wir haben doch alle Ängste, du, ich, die anderen Leute hier. Ich renne doch auch nicht zu dir und beichte dir all meine Ängste, schließlich kenne ich dich nicht.«

»Musst du auch nicht«, erwidere ich. »Du hast mich über mein Buch gefragt, und ich habe dir geantwortet«, füge ich trotzig hinzu.

»Ja, aber das ist doch gestört, ein Buch darüber zu schreiben, das braucht nun wirklich niemand.«

Jetzt werde ich wütend, denn genau wegen solcher Menschen schreibe ich ja das Buch.

»Doch, ich schreibe über meine Angststörung, damit wir in einen offenen Dialog treten können. Damit man in Zukunft beispielsweise seinem Arbeitgeber jede Krankheit gestehen kann, ohne als schwach oder gestört – wie du es nennst – abgestempelt zu werden. Wer sich seiner Schwächen bewusst ist und zu ihnen steht, ist stark. Und: Unsere Gesellschaft muss seelische Erkrankungen endlich genauso ernst nehmen wie körperliche.«

Sie lacht. Sie lacht mich wirklich aus.

Perplex stehe ich nach meinem Minimonolog in der Galerie und starre die zehn Jahre ältere Frau an, die mich abfällig auslacht. »Mädchen, wovon träumst du denn?«

»Ich träume davon, dass es irgendwann egal sein wird, ob jemand Krebs, Depressionen, Ängste oder auch den Norovirus hat. Dass wir allen Menschen liebevoll begegnen, ihre Krankheiten ernst nehmen und offen darüber reden.« Ich gebe nicht auf. Jetzt erst recht nicht. Auch wenn ich merke, wie ich innerlich brodle und zittere.

»Das ist absurd. Was hast du denn studiert, dass du so psychologisch daherredest?«

»Film- und Theaterwissenschaften. Aber wahrscheinlich liegt das an meiner jahrelangen Therapieerfahrung.«

Ich muss grinsen. Das wird sie auf die Palme bringen, da bin ich sicher. Und wie erwartet stöhnt die Frau auf und verdreht die Augen.

»Ernsthaft?« Erwartungsvoll blicke ich sie an, ich bin mittlerweile auf alles gefasst. »Therapie ist Schwachsinn. Jeder muss sich selbst helfen.«

»Würdest du das auch zu einem Krebskranken sagen?«

»Nein, aber Krebs ist immer unverschuldet, Depressionen nicht.« Wow. Das ist der Moment, in dem ich aufgebe.

»Weißt du, was? Damit solche Irrtümer und Unwahrheiten nicht mehr kursieren und Menschen den Mut gewinnen, sich zu offenbaren, damit sie sehen, dass auch Menschen wie ich, die mit beiden Beinen fest im Leben stehen und erfolgreich sind, Schwächen haben, darum schreibe ich das Buch.«

»Du bist wirklich so was von weltfremd, Schätzchen.«

Kurz bevor ich diesen netten Plausch beenden und mich bei meiner Freundin auskotzen kann, gesellt sich ein Mann zu uns. »Ich habe jetzt nicht alles mitbekommen, aber ich wollte nur sagen, dass ich es wichtig finde, dass Menschen vorangehen, in allen Bereichen. Wir brauchen die Gretas dieser Welt.« Er zwinkert mir zu, dann verschwindet er wieder. Ich schicke einen Dank gen Himmel, schenke der Frau noch mein schönstes Lächeln und wende mich wieder den Bildern zu. Sie schnaubt und verlässt den Raum.

In mir drin brodelt es. Ich trinke mein Glas aus, verabschiede mich noch von meiner Freundin und suche dann die Ruhe der Nacht.

Noch auf dem Heimweg bin ich aufgewühlt. Ist das die Reaktion auf mein Buch, mit der ich rechnen muss? Ich kenne das nicht, dass ich für etwas persönlich angegriffen werde, zu dem ich eigentlich voll und ganz stehe, dass ich mich so hilflos und in die Enge getrieben fühle. Aber diese Frau begegnete mir so aggressiv und ohne Verständnis, das war völlig neu für mich. Vielleicht habe ich mit diesem Thema etwas bei ihr ausgelöst, einen wunden Punkt getroffen. Vielleicht wird das aber auch die Reaktion der Masse auf mein Buch sein.

Ich zweifle. Ein Schauder läuft mir über den Rücken.

Zu Hause angekommen, schwanke ich zwischen »Jetzt erst recht« und »Montag rufe ich den Verlag an und cancele alles.« Noch in der Nacht schicke ich mit zittriger Stimme einer Freundin eine Sprachnachricht und schildere ihr mein Erlebnis. »Sag mir, dass das Buch die richtige Idee ist.«

Am nächsten Morgen habe ich eine Antwort. »Gerade diese Reaktion ist doch der Beweis dafür, dass das Buch die richtige Idee ist. Solche Menschen sind schuld, dass andere nicht über ihre Schwächen und Krankheiten sprechen, dass sie alles mit sich alleine ausmachen und im schlimmsten Fall, daran sterben. Dein Buch aber kann das Gegenteil bewirken. Wenn sich nur ein oder zwei Personen aufgrund deines Buches öffnen, darüber reden und sich Hilfe suchen, weil du ihnen zeigst, dass das normal ist, dann rettest du Menschen. Und das ist wichtig.«

Sie hat recht. Ich überlege, wie es gewesen wäre, wenn sich jemand mit Depressionen oder anderen Problemen dieser Frau offenbart und diese Reaktion erfahren hätte. Jemand, der oder die damit nicht so gut umgehen kann wie ich. Diese*r Jemand hätte vielleicht nie wieder über seine Probleme gesprochen.

Ich möchte Menschen unterstützen, ihnen zuhören und sie nicht alleine lassen. Dieses Buch soll zeigen, dass jede*r von uns, egal wer, stark und schwach zugleich sein kann. Dass sich Hilfe zu holen, kein Versagen ist, sondern sehr mutig. Dass es hilft, offen über seine Schwächen zu reden, dass niemand mit seinen Problemen alleine auf dieser Welt ist. Und dass seelische Erkrankungen genauso schlimm sind wie körperliche. Niemand sucht sich seine Krankheit aus.

Die Frau habe ich nie wiedergesehen. Zum Glück. Aber egal wie viele Menschen ihresgleichen mir in Zukunft noch begegnen werden, wenn ich nur einem Menschen mit meiner Offenheit helfe, ist das jede Diskussion wert.

63

Es wäre gelogen, wenn ich behaupten würde, ich hätte mir im Vorfeld keine Gedanken gemacht. Natürlich habe ich das. Ich habe mir oft die Frage gestellt, ob es klug ist, mit meiner Geschichte an die Öffentlichkeit zu gehen.

Schon als ich die Idee hatte, ein Buch zu schreiben, fragte ich mein Umfeld, ob sie glauben, dass ich mir damit Steine in den Weg legen würde. Die Antwort lautete von allen Seiten Nein. Mein Umfeld ist offen für Menschen, die anders sind, und für deren Problemen, doch es war klar, dass nicht jede*r so positiv auf meine Geschichte reagieren würde. »Aber es sind doch die, die du damit erreichst und die deine Worte annehmen, die zählen.« Ich nickte.

Spätestens, als ich mein Exposé abschickte, war auch ich überzeugt. Ich möchte meine Geschichte erzählen.

Die Stigmatisierung seelisch Erkrankter ist in unserer Gesellschaft immer noch weit verbreitet. Trotzdem und gerade deshalb ist es wichtig, dass Menschen aufstehen und erklären: »Ich bin eine*r von euch, und diese Krankheit ist ganz alltäglich.«

Also habe ich mich entschieden, genau das zu tun und dem Tabu den Kampf anzusagen. Offen darüber zu sprechen und aufzuzeigen, dass es nicht immer nur die anderen sind, sondern du und ich, die an solchen Krankheiten leiden und trotzdem glücklich und zufrieden sind. Die Erfolge feiern und im Flieger zittern. Die mutig vor Menschenmassen sprechen, dafür in der U-Bahn Schnappatmung bekommen. Die ihren Job großartig machen, gleichzeitig aber vielleicht auch Tage haben, an denen sie ein bisschen kämpfen müssen. Die tough und empathisch sind. Die stark und schwach sind.

Die keine Versager*innen oder Schwächlinge sind, sondern Menschen mit all ihren Facetten.

Denn es kann einfach jede*n von uns treffen.

Es ist wichtig, dass es in einer Gesellschaft, in der immer noch Vorurteile kursieren und Ignoranz herrscht, Menschen gibt, die vorangehen und sagen: »Seht hin. Es ist nicht so, wie ihr denkt.«

Das hilft nicht nur dir, sondern auch mir. Schließlich ist es Realität. Meine Realität.

64

Es gibt sie weiterhin, jene Tage, an denen ich mir wünsche, meine Krankheit wäre sichtbar. Ein gebrochener Arm oder ein Gipsbein, eine rote, laufende Nase oder ein fieser Ausschlag am Rücken. Einfach irgendetwas Offenkundiges, das das, was mich belastet, für mich und vor allem die Menschen um mich herum greifbarer macht. Sodass es leichter fällt zu verstehen, warum ich manchmal doch noch taumle, den Boden unter den Füßen suche und mich schwertue, komplett ohne Angst zu leben.

Die meiste Zeit jedoch bestimmen die Tage mein Leben, an denen ich vergesse, dass ich diese Krankheit habe. Ich lebe wie alle anderen und behalte nur leicht im Hinterkopf, dass da eine ungewöhnliche Freundin ab und zu zu Besuch kommt. Dass ich sie mittlerweile mag, aber auch ganz gut ohne sie leben kann.

An diesen Tagen weiß ich aber auch, dass ich mir die Freundin nicht ausgesucht habe. Wir trafen uns nicht an der Uni oder im Job. Im Gegenteil. Sie kam, ohne zu fragen, in mein Leben und blieb. Ich habe sie nicht freiwillig an mich gekettet, sondern sie hat sich für mich entschieden.

Also versuche ich, Nachsicht und Geduld mit mir zu haben. Verständnis aufzubringen, dass Heilung nicht linear, sondern oft wellenförmig ist. Dieses Wissen hilft mir, mich nicht zu sehr mit meiner Erkrankung zu identifizieren, sondern zu akzeptieren, dass die Angst einen kleinen Teil von mir ausmacht. Aber eben nicht mich.

Katja kommt und geht – und ich versuche, die Besuche so angenehm wie möglich für mich zu gestalten.

65

»Du hast also unsere Geschichte aufgeschrieben?«, fragt mich Katja.

Sie ist verwirrt. Sie dachte, unsere Beziehung wäre mehr so ein Ding zwischen uns beiden.

»Ja, ich habe mein Leben mit dir erzählt.«

»Warum tust du das?«, fragt sie mit zitternder Stimme.

»Damit vielleicht der ein oder andere merkt, dass er nicht allein ist mit seiner Angst.«

Katja atmet laut hörbar aus. »Puh.«

»Hast du etwa Angst?« Ich kann mir ein Grinsen nicht verkneifen.

Sie räuspert sich, meinem Blick weicht sie aus. »Vielleicht ein bisschen.«

»Warum denn?«, frage ich neugierig.

Katja wird immer kleiner, mit ihren knochigen Armen umschlingt sie ihre hageren Beine. Sie blickt mich mit angstverzerrter Miene an.

»Na ja, wenn du jetzt schon so offen mit der ganzen Welt über uns redest, brauchst du mich wohl irgendwann nicht mehr.«

Ich schmunzle. »Das wäre schön.«

EPILOG

Es ist Winter 2019. Meine letzte Panikattacke liegt zwei Jahre zurück. Die Angst ist weniger geworden. Die meiste Zeit bestimme ich, wohin der Weg führt. Manchmal begleitet mich Katja, meistens aber ist sie anderweitig beschäftigt. Zum Glück.

An einem kalten und nebligen Nachmittag stehe ich an der Supermarktkasse, lege gerade ein paar Trauben, Paprika und anderes Obst und Gemüse aufs Band, als mich jemand von hinten antippt. »Hey, Antonia!«

»O hey, wow, was machst du denn hier?« Eine alte Bekannte, die ich seit einigen Jahren nicht mehr gesehen habe, steht mir gegenüber.

»Ach, ich arbeite diese Woche hier ums Eck.«

»Ah, cool! Wie geht's dir?«

»Mir geht's gut und dir?«

»Auch, richtig gut«, strahle ich sie an.

»Du, sag mal, dein Buch …«

»Ja?«

»So mutig, dass du darüber schreibst, denn ich kenne das auch.«

»Ehrlich? Du? Hätte ich von dir gar nicht gedacht.«

»Ja, frag mal, ich auch nicht von dir!«

Wir lachen, während die Kassiererin schon zum zweiten Mal genervt »5,89 Euro bitte« sagt. Auf dem Weg nach draußen sprechen wir weiter. Tauschen uns aus über gute und schlechte Tage, über Therapie und Hypnose und über die nervigen Besuche von Katja und ihren Schwestern.

»Gut zu wissen, dass noch mehr Menschen Angst haben.«

»Das finde ich auch«, sage ich, bevor ich sie zum Abschied umarme.

Unser Gespräch bleibt nicht das einzige dieser Art. Mit der Ankündigung meines Buchs in den sozialen Medien und Katalogen öffnen sich die Menschen. Die Reaktionen sind durchweg positiv und bestärkend. Mir wird zu meinem Mut, offen über Katja zu sprechen, gratuliert, viele zeigen sich dankbar und interessiert. Nach meinem Erlebnis in der Galerie tun diese Rückmeldungen gut. Ich bin gerührt und froh und weiß erst jetzt zu hundert Prozent, dass es der richtige Weg ist. Offenheit statt Einsamkeit.

Ich führe ehrliche Gespräche, erfahre von Katjas, die meiner sehr ähnlich sind, oder neuen Formen der Angst. Ich treffe auf Menschen, denen ich alles zugetraut hätte, nur keine Angst vor dunklen Wegen, Panikattacken in Menschenmassen oder Hypochondrie.

Es sind erleichterte und entlastende Gespräche. Gespräche, die zeigen, dass die Angst keine Seltenheit ist. Dass viele Menschen die Angst kennen und sie immer wieder verfluchen. Dass Katjas auf ganz unterschiedliche Art und Weise in ein Leben treten können und sie manchmal auch wieder komplett verschwinden.

Sie zeigen, dass sich Stärke und Schwäche keinesfalls ausschließen. Dass jeder sein Bestes tut, um einen Weg zu finden, mit seiner persönlichen Katja umzugehen. Dass es gute Tage gibt und schlechte. Dass es aber nichts – wirklich rein gar nichts – über die Person oder ihren Wert aussagt, wenn sie manchmal vermeintlich ohne Grund Angst hat. Wir sind wunderbar so, wie wir sind. Mit oder ohne Angst.

Und die Gespräche zeigen vor allem: Dass keiner von uns damit alleine ist.

Monster werden kleiner, wenn man über sie spricht.

Kleine Anleitungen für mehr Mut und Selbstliebe

10 Dinge, die beim Umgang mit Angstpatient*innen helfen

- Informiere dich, was eine Angststörung ist.
- Reden ist besser als Schreiben.
- Lerne, deinem Gegenüber zuzuhören.
- Versuche zu verstehen, wie sich Angstpatient*innen fühlen.
- Sei dir deiner Grenzen bewusst und setze diese auch bewusst.
- Sei geduldig.
- Bleibe offen und verständnisvoll.
- Verzeihe Absagen – die Angst liegt nicht in der Kontrolle des- oder derjenigen, der oder die Angst hat.
- Schaffe Situationen, die für euch beide funktionieren.
- Ermuntere Angstpatient*innen, sich mit dir gemeinsam der Angst zu stellen.

Die Grounding-Methode

Konzentriere dich auf deinen Atem und suche dir

- 5 Dinge, die du sehen kannst,
- 4 Dinge, die du spüren kannst,
- 3 Dinge, die du hören kannst,
- 2 Dinge, die du riechen kannst,
- 1 Ding, das du schmecken kannst.

Wenn Angstpatient*innen Pläne absagen,

- ... fühlen sie sich überfordert.
- ... haben sie gerade keine Kraft, unter Menschen zu gehen und so zu tun, als wäre alles okay.
- ... brauchen sie einfach eine Auszeit.
- ... kämpfen sie gerade mit Symptomen, die sie nicht kontrollieren können.
- ... wollen sie dich nicht mit ihren Problemen belasten.

5 Gründe, warum eine Therapie eine gute Idee ist

- Therapeut*innen verstehen dein Problem.
- Du sprichst mit einer außenstehenden Person.
- Die Therapiestunde ist dein Safe Space, in dem du so sein kannst, wie du bist und dich fühlst.
- Du entwickelst dich als Mensch weiter.
- Du verstehst deine Mitmenschen und ihre Handlungen besser.

5 Sätze, die Angstpatient*innen nicht helfen

- Davor muss man doch keine Angst haben.
- Jeder hat doch mal Angst.
- Hast du es schon mit Yoga probiert?
- Ich glaube, du bist einfach nur gestresst.
- Mit dir plane ich nicht (mehr).

10 Dinge, die ich von Katja gelernt habe

- Glaube nicht alles, was du denkst.
- Angst zu haben ist okay.
- Es gibt immer einen Grund für Angst.
- Du kannst das Leben nicht vollständig kontrollieren.
- Loslassen ist besser als anzukämpfen.
- Die Angst anzunehmen und zu akzeptieren stimmt sie milder.
- Die Angst ist nicht dein*e Feind*in.
- Gib acht auf dich.
- Die Vorstellung ist immer schlimmer als die Realität.
- Wage dich ins Leben – trotz und mit der Angst.

DANK

Zuallererst möchte ich meiner Mama danken, die mir gezeigt hat, dass sich Stärke und Schwäche nicht ausschließen. Danke, dass du immer an meiner Seite bist, mich verstehst und gemeinsam mit mir versuchst, Katja in die Wüste zu schicken. Dieses Buch ist auch für dich.

Danke an Jule, mein Herz. Kein anderer Mensch ist mir näher und versteht mich so, wie ich bin. Du bist die beste Schwester, die man sich nur wünschen kann.

Danke an meine Oma, die bei jedem Telefonat ganz aufgeregt nach meinem Buch gefragt und mich so jedes Mal wieder motiviert hat, weiterzuschreiben. Du bist ein wichtiger Teil meines Lebens.

Danke an Claudia, Uli, Philipp, Sophie mit Mathilda, Felix, ihr seid mein Herz. Ich kann mir keine bessere Familie vorstellen. Schön, dass es euch gibt.

Danke an Bella, meine wunderbare Lektorin und Freundin, ohne die das Buch nicht entstanden wäre. Danke für deinen Mut, das Buch mit mir zu machen, deine aufmunternden Worte, deine Geduld, deinen wertvollen Input und vor allem deine Freundschaft. Ich bin so glücklich, dass es dich gibt.

Danke an Minh, meinen besten Freund, den ich immer anrufen kann und der selbst im Regen mit mir Fahrrad fährt, statt die U-Bahn zu nehmen. Du bist mir sehr wichtig.

Danke an Malina, die in den schwierigsten Momenten für mich da war und sich wie keine andere auf mein Buch freut. Du bist großartig!

Danke an Michi, der in vielen Momenten mein sicherer Hafen bei Jobs war und mir so den Weg zurück in ein angstfreieres Leben geebnet hat.

Danke an Amelie und Milena, ihr zwei seid nicht nur die besten Kolleginnen, sondern auch wunderbare Freundinnen. Euer Verständnis für meine Angst und unser gemeinsamer Austausch in den vergangenen Jahren bedeuten mir wahnsinnig viel. Ich freue mich auf alles, was noch kommt.

Danke an alle meine Freund*innen, aber besonders an Ola, Tim, Janina, Nejma, Basti, Julia, Judith, Tommy, Nils, Christiane, Christoph, Katharina. Ihr seid wunderbar!

Danke an Kristine, die mein Angstzwilling ist. Die Gespräche mit dir bereichern mich sehr.

Danke an meine Therapeut*innen, die mir über all die Jahre den Weg zu mir selbst gewiesen haben. Vor allem aber an Peter Ibbetson, der mich versteht und mich lehrt, Katja und mich besser kennenzulernen.

Danke an das gesamte Team des Piper Verlags, vor allem aber an die Verlegerin Felicitas von Lovenberg für die großartige Chance, dieses Buch einer breiten Leserschaft zu öffnen, danke an meine zweite Lektorin Martina Schwarz, deren Änderungen meinen Text so viel besser gemacht haben, und danke an die Grafikerinnen von Favoritbüro und die Art Direction des Piper Verlags, die ein wunderschönes Cover kreiert haben.

Danke auch an Steffi Müller, die mich bei 35 Grad im Hochsommer fotografiert hat. Nächstes Mal suchen wir uns einen weniger heißen Tag!

Danke an alle Menschen, die mir in den vergangenen Jahren mit Verständnis, Offenheit und Empathie begegnet sind. Das ist heute leider immer noch nicht selbstverständlich, aber ihr habt mir sehr geholfen.

Und zu guter Letzt: Danke an alle da draußen, die offen über seelische Erkrankungen sprechen. Die sich dafür einsetzen, dass das Stigma endet und wir alle in einer Gesellschaft leben können, in der wir empathisch mit all unseren Schwächen umgehen.

QUELLEN

Die folgenden Texte haben mich bei der Arbeit an diesem Buch begleitet oder mir als Quellen gedient.

- Roger Baker, Wenn plötzlich die Angst kommt. Panikattacken verstehen und überwinden, SCM-Verlag, 2017.
- Lucinda Bassett, Angstfrei leben. Das erfolgreiche Selbsthilfeprogramm gegen Stress und Panik, Beltz Verlag, 2009.
- Klaus Bernhardt, Panikattacken und andere Angststörungen loswerden. Wie die Hirnforschung hilft, Angst und Panik für immer zu besiegen, Ariston, 2016.
- Frank Berzbach, Die Kunst ein kreatives Leben zu führen. Anregung zu Achtsamkeit, Verlag Hermann Schmidt Mainz, 2013.
- Frank Berzbach, Formbewusstsein. Eine kleine Vernetzung der alltäglichen Dinge, Verlag Hermann Schmidt Mainz, 2016.
- Leonie Jockusch, Drinnen ist besser. Agoraphobie. Wenn die Angst den Weg nach draußen versperrt, Schwarzkopf & Schwarzkopf. Berlin, 2015.
- Lena Kuhlmann, Psyche? Hat doch jeder!, Eden Books, 2018.
- Hans Morschitzky/Sigrid Sator, Die zehn Gesichter der Angst. Ein Handbuch zur Selbsthilfe, dtv, Oktober 2005.
- Ines von Witzleben/Aljoscha A. Schwarz, Endlich frei von Angst, GU Verlag, 2012.
- http://www.achtsam-im-alltag.de/p/vorteile.html (letzter Aufruf: 2. Dezember 2019)
- https://www.aekbv.de/images/stories/aerzte/Vernetzte_Versorgung/Padberg_Psychotherapie_was_wann_f%C3%BCr_wen_240615final.pdf (letzter Aufruf: 2. Dezember 2019)
- https://www.apotheken-umschau.de/Therapien/Hypnotherapie-Hypnose-als-Heilmittel-460733.html (letzter Aufruf: 2. Dezember 2019)
- https://www.angst-panik-hilfe.de/angst-koerper.html (Letzter Aufruf: 2. Dezember 2019)
- https://www.angst-panik-hilfe.de/angstbewaeltigung-ungeeignete-strategien.html (letzter Aufruf: 2. Dezember 2019)

- https://www.dasgehirn.info/krankheiten/angst/keine-angst-mehr-vor-der-angst-ein-leitfaden-fuer-angehoerige (letzter Aufruf: 2. Dezember 2019)
- https://www.degpt.de/informationen/fuer-betroffene/trauma-und-traumafolgen/wie-%C3%A4u%C3%9Fern-sich-traumafolgest%C3%B6rungen/dissoziative-beschwerden/%C3%BCberblick-%C3%BCber-die-dissoziativen-st%C3%B6rungen/depersonalisation-und-derealisation.html (letzter Aufruf: 2. Dezember 2019)
- https://der-onliner.blogspot.com/2016/08/google-mitarbeitermotivation.html (letzter Aufruf: 2. Dezember 2019)
- https://de.statista.com/statistik/daten/studie/182616/umfrage/haeufigkeit-von-angststoerungen/ (letzter Aufruf: 2. Dezember 2019)
- https://de.statista.com/statistik/daten/studie/221496/umfrage/psychische-erkrankungen-in-der-deutschen-allgemeinbevoelkerung/ (letzter Aufruf: 2. Dezember 2019)
- https://de.statista.com/statistik/daten/studie/649732/umfrage/wahrgenommene-aenderung-des-allgemeinen-stresslevels-in-deutschland-nach-alter/ (letzter Aufruf: 2. Dezember 2019)
- https://www.dpv-psa.de/service/infos-fuer-patienten/was-ist-psychoanalyse/ (letzter Aufruf: 2. Dezember 2019)
- https://www.geo.de/magazine/geo-wissen-gesundheit/14944-rtkl-depression-wie-finde-ich-den-richtigen-therapeuten (letzter Aufruf: 2. Dezember 2019)
- https://www.headspace.com/de/meditation/anxiety (letzter Aufruf: 2. Dezember 2019)
- https://www.jetzt.de/gesundheit/eine-to-do-liste-erklaert-wie-man-anderen-bei-panikattacken-helfen-kann (letzter Aufruf: 2. Dezember 2019)
- https://www.kli.psy.ruhr-uni-bochum.de/klipsy/public/margraf%20Journals%20with%20Peer-Review/Bentz%20et%20al.%20Konfrontation+Exposition%202009.pdf (letzter Aufruf: 2. Dezember 2019)
- https://www.kli.psy.ruhr-uni-bochum.de/kkjp/team/public/Schneider%20Journals/2015/MohretalExposition(2015).pdf (letzter Aufruf: 2. Dezember 2019)
- https://www.neurologen-und-psychiater-im-netz.org/psychiatrie-psychosomatik-psychotherapie/erkrankungen/angsterkrankungen/was-sind-angsterkrankungen/ (letzter Aufruf: 2. Dezember 2019)
- https://www.neurologen-und-psychiater-im-netz.org/psychiatrie-psychosomatik-psychotherapie/therapie/psychotherapie/techniken-der-kognitiven-verhaltenstherapie/reizkonfrontation/ (letzter Aufruf: 2. Dezember 2019)

- https://www.palverlag.de/lebenshilfe-abc/achtsamkeit.html (letzter Aufruf: 2. Dezember 2019)
- https://www.palverlag.de/lebenshilfe-abc/angst-vor-der-angst.html (letzter Aufruf: 2. Dezember 2019)
- https://www.palverlag.de/lebenshilfe-abc/konfrontationstherapie.html (letzter Aufruf: 2. Dezember 2019)
- https://www.panikattacken-selbsthilfe.de/die-macht-der-affirmationen-und-wie-du-sie-gegen-deine-aengste-anwenden-kannst/ (letzter Aufruf: 2. Dezember 2019)
- https://www.patienteninfo-service.de/a-z-liste/t/tavor-10-mg/ (letzter Aufruf: 2. Dezember 2019)
- https://www.pharmawiki.ch/wiki/index.php?wiki=SSRI (letzter Aufruf: 2. Dezember 2019)
- http://phobien.ndesign.de/ (letzter Aufruf: 2. Dezember 2019)
- https://www.psog.de/verhaltenstherapie-oder-tiefenpsychologisch-fundierte-psychotherapie/ (letzter Aufruf: 2. Dezember 2019)
- https://www.psychenet.de/de/entscheidungshilfen/entscheidungshilfen-depressionen/behandlungsmoeglichkeiten/vor-und-nachteile-der-psychotherapie.html (letzter Aufruf: 2. Dezember 2019)
- https://www.psychenet.de/de/psychische-gesundheit/informationen/panik-und-agoraphobie.html (letzter Aufruf: 2. Dezember 2019)
- https://www.psychenet.de/de/psychische-gesundheit/informationen/soziale-phobie.html (letzter Aufruf: 2. Dezember 2019)
- https://www.psychosomatik-online.de/angst-exposition-und-konfrontation-teil-1/ (letzter Aufruf: 2. Dezember 2019)
- https://www.refinery29.com/de-de/positive-affirmationen-bedeutung-angst (letzter Aufruf: 2. Dezember 2019)
- https://rp-online.de/leben/gesundheit/news/agoraphobie-ist-heilbar_aid-9048703 (letzter Aufruf: 2. Dezember 2019)
- https://www.seelischegesundheit.net/presse/publikationen/psychische-erkrankungen/109-themen/psychisch-gesund-am-arbeitsplatz/593-praevention (letzter Aufruf: 2. Dezember 2019)
- https://www.spendit.de/magazin/neue-ideen-braucht-das-land-wie-google-facebook-co-mitarbeiter-mit-benefits-begeistern/ (letzter Aufruf: 2. Dezember 2019)
- https://www.spiegel.de/gesundheit/psychologie/psychotherapie-sport-hilft-bei-psychischen-erkrankungen-a-938242.html (letzter Aufruf: 2. Dezember 2019)

- https://www.spiegel.de/gesundheit/psychologie/psychotherapie-sport-hilft-bei-psychischen-erkrankungen-a-938242.html (letzter Aufruf: 2. Dezember 2019)

- https://www.swr.de/swr2/wissen/sport-bei-psychischen-erkrankungen,broadcastcontrib-swr-31824.html (letzter Aufruf: 2. Dezember 2019)
- https://www.swr.de/swr2/wissen/sport-bei-psychischen-erkrankungen,broadcastcontrib-swr-31824.html (letzter Aufruf: 2. Dezember 2019)
- https://www.therapie.de/psyche/info/fragen/psychotherapeuten-finden/tipps-therapeutensuche/ (letzter Aufruf: 2. Dezember 2019)
- https://www.t-online.de/gesundheit/krankheiten-symptome/id_81933786/hypnose-als-werkzeug-gegen-aengste.html (letzter Aufruf: 2. Dezember 2019)
- https://wienerin.at/14-promis-die-offen-uber-ihre-psychische-krankheit-reden-und-mut-machen (letzter Aufruf: 2. Dezember 2019)
- https://www.zeit.de/2001/47/200147_m-angst.xml (letzter Aufruf: 2. Dezember 2019)
- https://ze.tt/psychische-erkrankungen-auf-der-arbeit-ansprechen-oder-verschweigen/ (letzter Aufruf: 2. Dezember 2019)
- https://ze.tt/so-sah-mein-alltag-in-der-psychosomatischen-klinik-aus/ (letzter Aufruf: 2. Dezember 2019)
- »How to be in a relationship with someone with anxiety«https://www.instagram.com/p/Bx1y6IxA02X/ (letzter Aufruf: 2. Dezember 2019)
- »I wish people knew that my mental health is physical too.« https://www.instagram.com/p/B4-kvEbAFgE/ (letzter Aufruf: 2. Dezember 2019)
- Mädelsabende, Themenwoche Angststörungen https://www.instagram.com/p/BmLIhNrBADf/ (letzter Aufruf: 2. Dezember 2019)
- »Psychische Erkrankungen werden im Arbeitsleben immer häufiger.« https://www.instagram.com/p/B02lIAsnGEu/ (letzter Aufruf: 2. Dezember 2019)
- »Things to do while waiting anxiety out« https://www.instagram.com/p/B5aCUypHzoo/ (letzter Aufruf: 2. Dezember 2019)
- »Things that help anxiety« https://www.instagram.com/p/B3or6E_HYtf/ (letzter Aufruf: 2. Dezember 2019)
- »Things I get out of therapy« https://www.instagram.com/p/B0g4zCOAUMX/ The Anxiety Sisters